· 내 손으로 만드는 12가지 매듭공예 ·
마크라메와 포실한 일상들

마크라메와 포실한 일상들

초판 1쇄 인쇄 2023년 5월 9일
초판 1쇄 발행 2023년 5월 18일

지은이	신혜윤
발행인	임충배
홍보/마케팅	양경자
편집	김민수
디자인	정은진
펴낸곳	마들렌북
제작	(주)피앤엠123

출판신고 2014년 4월 3일
등록번호 제406-2014-000035호

경기도 파주시 산남로 183-25
TEL 031-946-3196 / FAX 031-946-3171
홈페이지   www.pub365.co.kr
ISBN 979-11-92431-18-5 17630
ⓒ 2023 신혜윤 & PUB.365

- 저자와 출판사의 허락 없이 내용 일부를 인용하거나 발췌하는 것을 금합니다.
- 저자와의 협의에 의하여 인지는 붙이지 않습니다.
- 가격은 뒤표지에 있습니다.
- 잘못 만들어진 책은 구입처에서 바꾸어 드립니다.

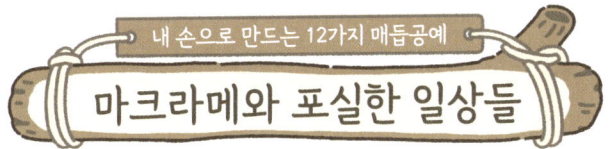

마크라메와 포실한 일상들

내 손으로 만드는 12가지 매듭공예

글과 그림 신혜윤

Mædəlin Buk

들어가며

"네? 마크라메가 뭐예요?"

아직은 낯선 단어, 마크라메. 저는 마크라메를 좋아해요- 라고 운을 떼면 대부분 이렇게 되물어보곤 하세요. 그러면 저는 익숙하게 휴대폰을 꺼내 벽에 걸린 월행잉 마크라메 사진을 보여드리죠.

"아~ 이게 마크라메예요?" "아, 이거 본 적 있어요!" 하고 알아봐 주는 분이 반, 처음 보았다고 말해주시는 분이 반이랍니다. 유리문에 장식된 그거, 창가에 식물을 담아 걸어놓은 그거, 바다에서 누가 들고 있던 가방, 그거?! 혹시 따뜻한 분위기의 카페에 앉아있다면 주위를 한번 둘러보세요, 마크라메가 걸려있을지도 몰라요!

저는 직장 생활을 하며 평일 주말 없이 자책과 눈물의 파도를 타는 시간을 보내다가 우연히 마크라메를 알게 되었어요. 유튜브를 보며 혼자 엉망진창 작은 것부터 큰 것까지... 집에 콕 박혀 매듭을 엮다 보니 이 공예의 매듭에 빠져버렸죠. 좋아하는 음악을 틀어놓고, 눈앞에 있는 실에 집중하다 보면 끝없이 번지는 걱정들이 사라지고, 머리와 마음이 잔잔히 가라앉아요. 거창한 도구 필요 없이 앉은 자리에서 손으로 굵은 실을 엮다 보면 어느새 멋진 작품이 완성되고 기분은 상쾌하죠.

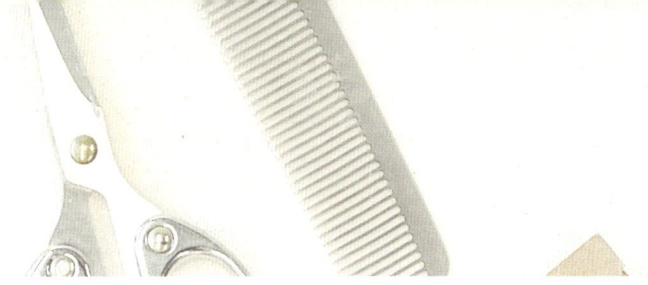

이렇게 쉽고 매력적인 공예를 나 혼자 알기 아까워 어떻게 해야 많은 분께 알릴 수 있을까, 고민하다 인스타그램에 마크라메와 일상을 담은 일상툰 연재를 시작했고, 많은 분의 사랑과 응원이 모여 이렇게 마크라메 일상툰 책을 만들게 되었습니다.

보통 마크라메 하면 벽에 걸린 장식품 정도를 생각하시기 마련인데요, 이 책에는 계절에 따라 만들어 사용할 수 있는 실용적인 마크라메 소품들을 담아놓았어요. 아주 쉽고 작은 소품부터 깊은 집중의 시간을 보낼 수 있는 디자인까지 다양하게 구성했는데요, 필요한 재료와 만드는 과정을 사진과 글로 정리해 놓았고, 추가로 큐알코드를 통해 바로 유튜브에서 자세하게 보실 수 있어요.

책과 영상을 보시고 "아, 이 정도면 나도 따라서 만들 수 있겠는걸?" "나도 마침 이게 필요했는데..." 하고 직접 마크라메를 만들어보신다면! 마크라메의 매력을 100% 느낄 수 있는 완벽한 루트를 따라오시는 거예요!

바쁘고 정신없는 소음 속에서 벗어나 실을 엮는 조용한 시간을 느낄 수 있는 마크라메의 매력! 이 책을 통해 느껴보셨으면 좋겠어요.

목차

재료와 부재료	8p
마크라메 기본매듭	10p

• 평매듭
• 평돌기 매듭
• 이어엮기
• 사선 이어엮기
• 로프 매듭
• 레이스매듭

• 아침 차 한 잔과 티 코스터   22p
• 취향과 마크라메 키링   48p
• 봄 산책과 텀블러 & 와인백   76p

✦ 여름 이야기 ✦

• 바다 로망과 유목 포토랙   104p
• 동네 카페와 마크라메 도어벨   130p
• 이오난사 삼총사 월행잉   158p

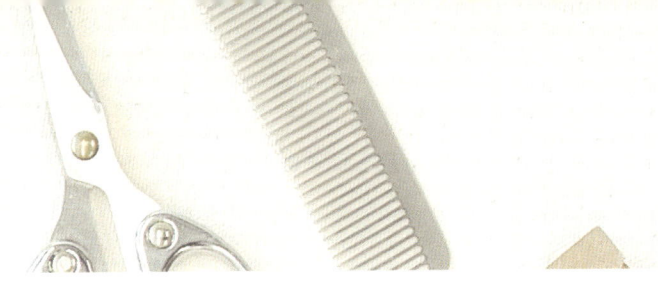

가을 이야기

- 털친구들과 마크라메 도그토이   182p
- 팟캐스트와 책, 마크라메 레터렉   210p
- 걱정과 불안을 잊는 모던 월행잉   234p

겨울 이야기

- 작은 대화들과 마크라메 인형 키링   262p
- 겨울 영화와 플랜트 행거   288p
- 계절을 즐기는 마음과 과일렉   316p

재료와 부재료

마크라메를 시작하려면 무엇을 준비해야 할까요?
다양한 굵기의 실들과 어디에 쓰는지 짐작도 되지 않는 부재료들!
우선 어떤 실들을 사용하는지 알려드릴게요.

면로프 세 가닥의 섬유가 꼬여있는 실로, 이 책에서 가장 많이 사용하는 실입니다.
네츄럴한 실의 텍스쳐를 느낄 수 있고 작품의 디테일이 살릴 수 있습니다.
브랜드에 따라 실의 두께가 달라질 수 있어 합수보다는 실제 두께를 보고 선택하는 게 좋습니다.
- 42합(두께 약 3mm) : 실의 굵기가 가늘어 작고 매듭 수가 많은 섬세한 작품을 만들기 좋아요.
- 60합(두께 약 3.5mm) - 티코스터와 같은 작은 사이즈의 소품들을 만들기 좋습니다.
- 90합(두께 약 4mm) - 다양한 크기의 중간 사이즈의 장식품을 만들기 적합합니다.
- 120합(두께 약 4.5mm) - 중간~대형 작품을 섬세하게 작업할 수 있어요.
- 150~240합(두께 약 5.0~ 약 7.5mm) - 대형작품을 만들기 좋아요.

우동사(민자끈) 면로프와 달리 실들이 짜여있어 올이 풀리지 않고 내구성이 좋습니다. 매듭의 방향과 상관없이 일정한 매듭을 엮을 수 있으며, 브랜드와 상관없이 균일한 굵기의 실을 구매할 수 있습니다. 만들어진 작품에서 깔끔하고 단아한 느낌을 받을 수 있습니다.

그 외 푼사, 패브릭얀, 마끈 등 다양한 재료를 선택해 작품에 포인트를 줄 수 있습니다.

필요한 실을 골랐다면 준비는 거의 끝났어요!
이제 부재료들을 골라보아요.
만들고 싶은 마크라메에 특별한 재료가 필요한가요?

목봉과 유목	어디에 실을 거는지에 따라 달라지는 매력을 느낄 수 있어요.
줄자	실의 길이를 재거나, 매듭 간의 간격을 재는 데 사용해요.
가위	실을 재단하거나, 마무리할 때 사용해요.
셀로판테이프	작품을 고정하거나 실 끝을 감싸기 위해 사용해요.
행거	높이 조절이 가능한 행거를 추천해요. 행거가 없다면 벽에 걸거나, 앉은 눈높이의 의자 등받이에 걸어서 작업해도 괜찮아요.
S자 고리	작품을 만들 때 행거나 목봉에 S자 고리를 이용해 걸어 작업합니다.
우드볼	다양한 재질과 크기, 모양의 우드볼을 이용해 장식할 수 있어요.
돗바늘	매듭 사이나, 안쪽으로 실을 꿰어 넣거나, 마무리할 때 시용합니다.
우드링, 금속링	둥근 형태의 기본 틀로 사용하거나, 장식 부재료로 사용할 수 있는 원형링이에요.
빗	작품을 마무리할 때 빗으로 올을 풀어 보송보송한 질감을 표현할 수 있어요.

마크라메 기본매듭

마크라메에는 아주 다양한 매듭법이 있죠,
이 책에서 등장하는 기본적인 매듭법들을 알려드릴게요!

평매듭

마크라메의 많이 쓰이는 기본 매듭법이에요. 엮는줄을 중심줄의 앞, 뒤로 번갈아 엮어 매듭을 완성합니다.

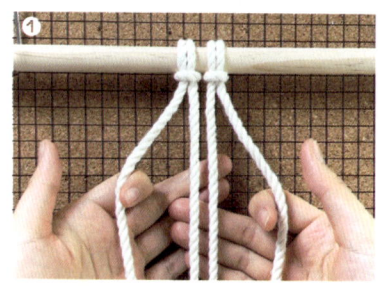

1. 평매듭은 줄 네줄을 모아 엮는 매듭법이에요. 양 사이드 두 줄이 엮는줄, 중심에 있는 두 줄을 중심줄이라 합니다.

 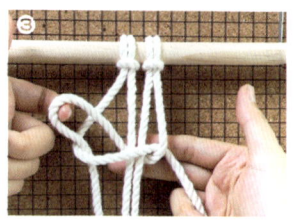

2. 왼쪽 엮는줄을 중심줄 앞에 ㄴ 모양을 만들고, 오른쪽 엮는줄을 그 위에 올려줍니다.

3. 오른쪽 엮는줄을 뒤로 감아 왼쪽 엮는줄의 고리로 통과시키고,

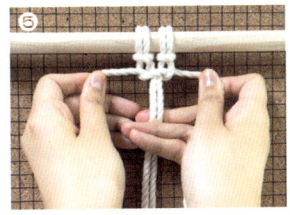

4-5. 양쪽으로 힘을 고르게 주어 실을 당겨 조여줍니다.

6. 왼쪽 엮는줄을 중심줄 뒤에 ㄴ 모양을 만들고, 오른쪽 엮는줄을 그 아래 놓아줍니다.

7. 오른쪽 엮는줄을 앞으로 감아 왼쪽 엮는줄의 고리로 통과시키고,

8-9. 양쪽으로 힘을 고르게 주어 당겨주세요.

평돌기 매듭

평돌기 매듭은 평매듭을 응용한 매듭으로, 평돌기는 엮는줄을 한 방향으로 매듭짓기를 반복해 나선형으로 돌아가는 패턴을 만들어요.

1. 평돌기 매듭은 줄 네줄을 모아 엮는 매듭법이에요. 양 사이드 두 줄이 엮는줄, 중심에 있는 두 줄을 중심줄이라 합니다.

2. 왼쪽 엮는줄을 중심줄 앞에 ㄴ 모양을 만들고, 오른쪽 엮는줄을 그 위에 올려줍니다.

3. 오른쪽 엮는줄을 뒤로 감아 왼쪽 엮는줄의 고리로 통과시키고,

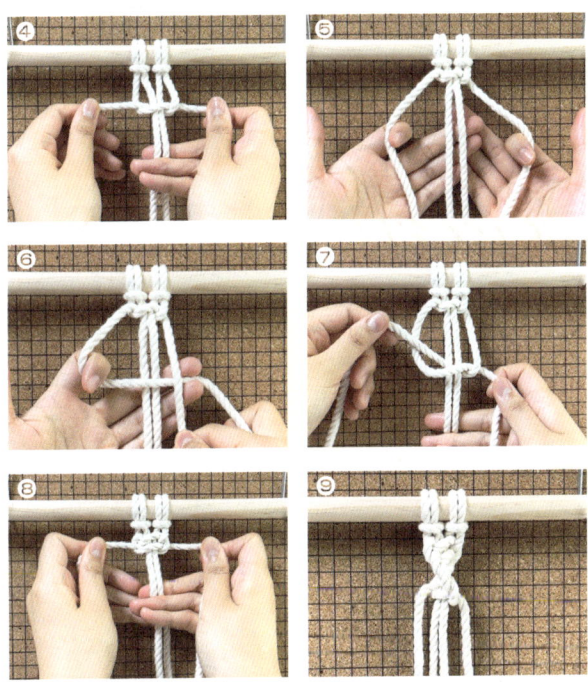

4-5. 양쪽으로 힘을 고르게 주어 실을 조여줍니다.

6. 왼쪽 엮는줄을 중심줄 앞에 ㄴ 모양을 만들고, 오른쪽 엮는줄을 그 위에 올려줍니다.

7. 오른쪽 엮는줄을 뒤로 감아 왼쪽 엮는줄의 고리로 통과시키고,

8-9. 양쪽으로 힘을 고르게 주어 매듭을 조여주는 매듭법을 반복하면 매듭이 나선을 그리며 회전합니다.

이어엮기

이어엮기는 작품에 라인을 그려 형태를 만들거나, 작품에 경계선을 긋는 등 다양하게 활용할 수 있는 기본 매듭법이에요.

1. 매듭의 진행 방향에 있는 손으로 중심줄을 수평으로 잡아줍니다.

2. 중심줄을 엮을 실 위에 올려놓습니다. 중심줄 아래 놓인 엮을실을 엮는 줄이라고 합니다.

3-4. 오른쪽 엮는줄을 중심줄 위에 올려놓고, 앞에서 뒤로 중심줄을 바짝 감아 빼줍니다.

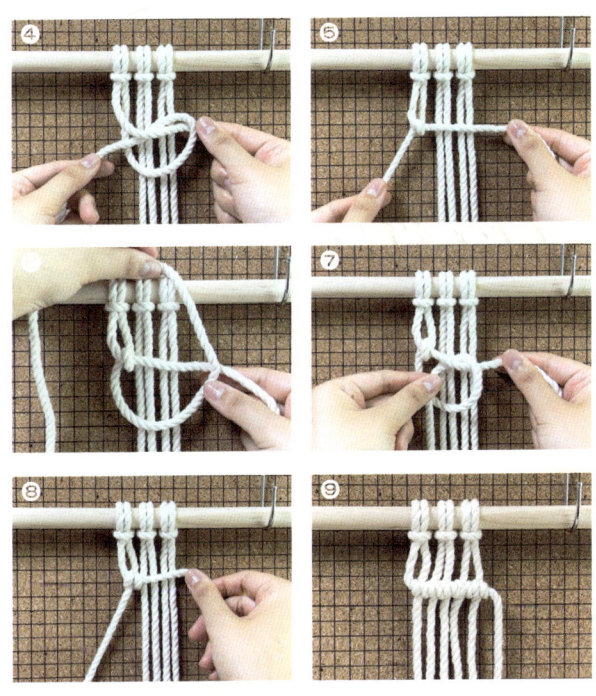

5. 매듭을 조여 원하는 위치에 자리 잡습니다.
6-7. 다시 한번, 같은 엮는줄을 중심줄 위에 올려놓고, 앞에서 뒤로 중심줄을 바짝 감아 빼줍니다.
8. 첫 번째 고리 옆에 붙이고, 두 고리가 비슷한 크기가 되도록 조여 고정합니다.
9. 진행 방향으로 엮는줄을 한 줄씩 이동하며 위 매듭법을 반복합니다.

* 매듭을 엮을 때 중심줄이 기울지 않도록 수평을 유지합니다.

사선 이어엮기

중심줄을 사선으로 잡아 매듭을 엮는 이어엮기 매듭의 응용 매듭이에요. 사선, 곡선으로 엮어 이파리 패턴을 만들거나 라인 드로잉도 할 수 있어요.

1. 매듭의 진행 방향에 있는 손으로 중심줄을 사선으로 잡아줍니다.

2. 중심줄을 엮을 실 위에 사선으로 올려놓은 뒤, 오른쪽 엮는줄을 중심줄 위에 올려놓고,

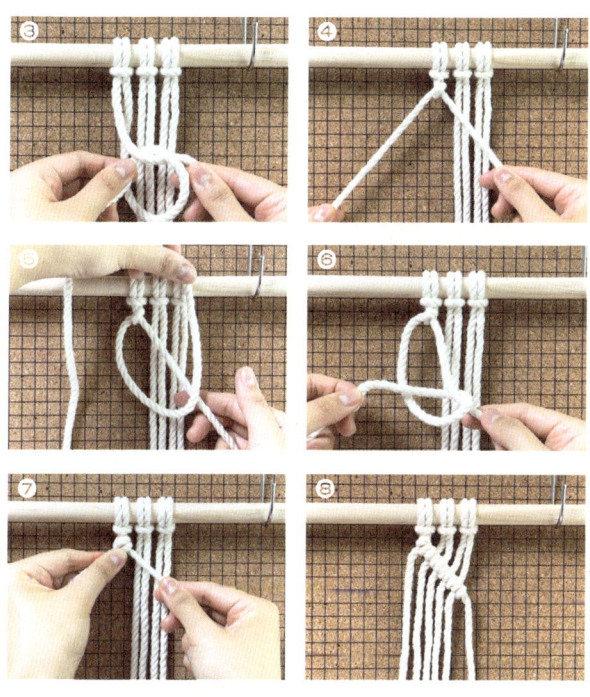

3-4. 앞에서 뒤로 바짝 감아 빼고, 매듭을 조여 원하는 위치에 자리 잡습니다.

5-6. 다시 한번, 같은 엮는줄을 중심줄 위로 올려 앞에서 뒤로 바짝 감아 빼줍니다.

7. 첫 번째 고리 옆에 붙이고, 두 고리가 비슷한 크기가 되도록 조여 고정합니다.

8. 진행 방향으로 엮는 줄을 한 줄씩 이동하며 위 매듭법을 반복합니다.

* 매듭을 엮을 때 중심줄의 각도를 잘 유지합니다.

로프 매듭

여러 줄을 한데 모아 하나로 고정하거나, 고리를 만들 때 사용되는 매듭법이에요.

1. 로프용 엮는줄의 왼쪽 끝을 U모양으로 접어 준비합니다.

2. 한 손으로는 엮는줄과 모은 줄을 함께 잡아주고 나머지 한 손으로는 엮는줄의 긴 부분을 잡아줍니다.

3. 엮는줄을 천천히 힘을 주어 감아주세요. 실이 겹치지 않도록 차곡차곡 쌓아줍니다.

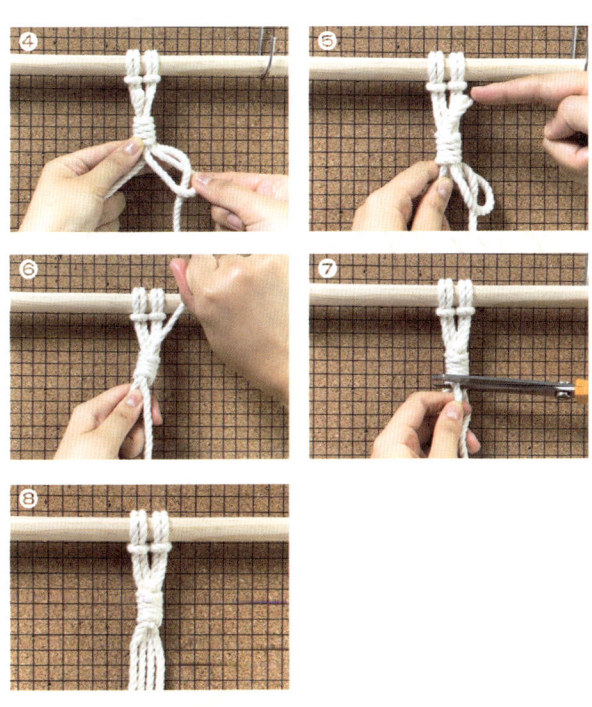

4. 아래에 있는 고리에 엮는줄 끝을 통과시키고,
5-6. 위에 짧게 올라온 엮는줄을 당기되, 고리가 로프매듭의 중간에 걸리도록 당겨줍니다.
7. 남은 엮는줄은 가위로 짧게 잘라줍니다.

레이스매듭

목봉이나 중심줄에 실을 걸어 고정할 때 사용하는 기본 매듭법이에요. 종달새머리매듭이라고도 합니다.

1. 실을 반으로 접어 중심을 찾고, 목봉의 뒤로 넘겨 걸어주세요.

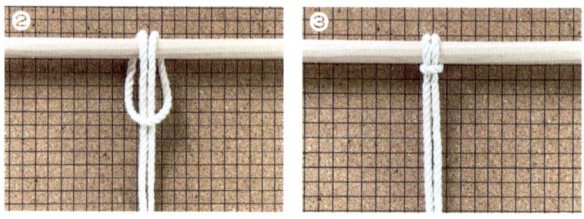

2-3. 실의 끝을 모아 고리 아래로 통과시킨 뒤 실을 당겨 고정합니다.

봄 이야기

아침 차 한 잔과 티 코스터

여러분은 차나 커피를 많이 드시나요?

저는 주로 그림을 그리거나 작업을 할 때 하루 종일 입이 마를세라 홀짝홀짝 자주 마시는 편인데요, 최근에는 아침에 차를 마시면 좋다는 이야기를 듣고 아침에 차를 마시기 시작했답니다.

정신없이 바쁘게 일하는 중에 피로감을 떨치기 위해 마신 커피로 카페인 에너지를 받는 것도 좋지만, 아침에 잠깐 여유롭게 차를 마시며 창밖의 계절을 느끼는 시간도 참 좋더라고요. 자투리 실로 만들어놓은 여러 가지 티코스터 중에서 하나를 고르는 것도 작은 재미랍니다. 컵을 책상에 내려놓을 때마다 기분 좋은 폭신폭신 부드러운 실을 느낄 수 있어요.

단순한 디자인에 크기가 작아 마크라메 초보자분들이 가볍게 입문하기 좋은 마크라메 티코스터 한번 만들어보면 분명 한 개 더 만들어 보고 싶은 마음이 들 거예요.

준비 : 면로프(42합/3mm) - 150cm *12, 목봉(15cm) - 1개
매듭법 : 레이스매듭, 평매듭, 이어엮기

아침에 일어나는 건 왜 이렇게 힘들까요?

저는 아침에 일어나는 게 제일 힘들더라고요.

조금만 더 잘까..하고 누웠지만

분명 머리를 뜯으며 후회할 테니 일어납니다.

아침에 일어나면 이오난사들을 살펴봐요.

봄에는 공기가 건조해서 물을 자주 뿌려줍니다.

물을 주면서 오늘 나갈 아이들도 골라요.

일단 샤워를 하면 잠이 좀 깨겠죠!

개운하게 씻고 나오면 물을 올려놓고

아침에 마실 차를 고릅니다.

빈속에 커피를 마시는 건 이제 위가 허락해주지 않아요.

커피는 식후에 마시기로 하고 홍차를 골라요.

커피포트가 시끄러운 소리를 내면 끄고

여러 가지 티코스터 중에 하나 골라 앉으면

아침을 깨우는 차 한잔!

창문을 살짝 열어놓고 홀짝홀짝 마시다 보면

밤새 굳은 몸이 점점 풀리는 게 느껴져요.

봄이 되니 창문을 열어도 춥지 않더라고요.

이번 봄도 짧게 지나가고 여름이 오겠죠

여름을 기다리는 이유가 있거든요!

여름에는 청귤을 사서 청을 담궈요.

청귤은 풀 향기 같은 쌉싸름한 풋내가 참 좋아요.

청귤을 뽀득뽀득 깨끗하게 씻어주고

가장 어려운 단계! 얇고 예쁘게 썰어줍니다.

청귤과 같은 양의 설탕을 뿌려 버무려주고

열탕소독한 유리용기에 담아주면 완성!

청귤청은 실온에서 2~3일 정도 숙성시킵니다.

청귤청을 크게 떠 탄산수와 섞어 마시면!

상큼 쌉싸래한 시원한 청귤에이드 한 잔!

사계절 유용하게 쓸 수 있는 마크라메 티코스터,
만들어 볼까요?

150cm 길이로 자른 실 12줄을
레이스매듭법으로 목봉에 걸어줍니다.

기본 매듭인 이어엮기와 평매듭 기법을 사용해요.

맨 위, 아래 이어엮기를 하고 평매듭은 11단 정도 엮어주세요.

자주 사용하는 컵을 올려놓고 크기를 가늠해보아요.

이 정도면 괜찮겠어

목봉에 걸린 실을 가위로 잘라주고

양 끝 술의 길이를 고민해서 잘라줍니다.

양 끝 술을 빗을 이용해 풀어주면 복슬복슬 귀여워요!

*이 정도로 날리지는 않아요.

초보자들도 쉽게 만들 수 있는 티코스터 완성!

How to

동영상 QR

0. 42합 면로프를 150cm 길이로 12줄 잘라 준비해 주세요.

1. 목봉에 레이스매듭법을 이용해 걸어주세요.

2. 가장 왼쪽 실을 중심줄로 잡아 이어엮기를 해줍니다.

3. 평매듭을 11단 엮어주세요.

4. 동일한 방법으로 이어엮기 해주세요.

5. 자주 사용하는 컵이 있다면 크기가 적당한지 올려보세요!

6. 목봉에서 고리를 빼주고, 원하는 길이로 잘라주세요.

7. 빗을 이용해 복슬복슬하게 술을 만들어도 귀여워요!

8. 초보자도 쉽게 만드는 마크라메 티코스터 완성!

취향과 마크라메 키링

부쩍 요즘 버스나 지하철, 길을 걸으면서도 달랑달랑, 반짝반짝한 키링들이 눈에 들어와요.

키링이 유행한다는 이야기는 들었지만, 이렇게 다양하게, 그리고 많이 달고 다니다니! 우르르 지나가는 학생들의 가방들을 보니 어느 것 하나 겹치는 것 없이 좋아하는 인형, 비즈, 피규어, 참들을 골라 달았더라고요. 어딘가 키링의 주인들과도 비슷한 느낌이라 키링을 보면서 주인의 성격을 유추해보곤 합니다.

마크라메로 키링도 만들 수 있는데요, 얇은 실로 촘촘하게 매듭을 엮어서 가방에 달면 포인트가 되어 아주 귀여워요. 누군가 제 가방에 달린 키링을 본다면 이런 수공예를 좋아하는 사람이구나, 하고 생각해 준다면 좋을 것 같아요

크기가 작아 만들기 아주 쉽지만 원석이나 나무구슬 같은 다양한 재료를 사용할 수 있어 만드는 재미가 큰 마크라메 키링! 한 번에 여러 개 만들어 주변에 선물해도 좋답니다 :)

준비 : 1) 면로프(42합/3mm) - 100cm *4,
　　　　면로프(42합/3mm) - 60cm *1 / D고리 키링 - 1개
　　　2) 면로프(42합/3mm) - 100cm *4 / 면로프(42합/3mm) - 60cm *1,
　　　　나무구슬(1cm) - 1개 / D고리 키링 - 1개
　　　3) 면로프(42합/3mm) - 100cm *4 / D고리 키링 - 1개
매듭법 : 레이스매듭, 평매듭, 이어엮기, 로프매듭

오후가 되면 마크라메 키트를 준비합니다.

저는 홈공방을 운영하고 있는데요,

보통 컴퓨터로 그림 작업을 하고

키트 주문도 소소하게 들어와
작업실보다 장점이 더 많아요.

하지만 언젠가는 공방을 열고 싶어요.

키트를 만드는 날은 평소보다 더 신경 써서 집을 청소하고

실을 풀고, 자르고, 부속품들을 챙겨요.

좋아하는 음악이나 팟캐스트를 틀어놓고 포장을 해요.

만들어진 키트를 보면 뿌듯하고 든든하답니다!

포장이 끝나면 주문서를 보면서 키트 포장을 합니다.

좋아하는 노래를 들으며 포장하다보면 금방 끝나요.

택배를 붙이러 외출해 볼까요!

집 앞 신호등에서 신호를 기다리는데 이상한 소리가?!

주렁주렁 달려있는 키링이 아이들마다
겹치는 디자인이 없는지! 한참 구경했어요.

들뜬 마음을 가라앉히고 택배를 붙이고

무사히 택배를 붙인 보상으로 음료도 하나 사요.

주렁주렁 매달린 키링을 보니 옛날 일이 생각나네요.

예전에 담당자님과 회의를 하고 있었는데

담당자님의 시크한 블랙 아이템들이 눈에 들어왔어요

원색의 귀여운 제 그림체를 좋아해주시는 게
의외라고 생각하며 회의를 마무리하는데..

제 그림을 좋아하시는 이유를 살짝 알게 되었어요.

이후 연락을 주고받을 때면
다람쥐가 떠올라 웃음이 났답니다.

마크라메로 키링도 만들 수 있어
자주 들고 다니는 가방에 걸어 놓는데요,

아주 유용하게 쓰일 때가 있거든요!

이럴 때 말로 표현하기는 참 어려운 마크라메..!

보통은 사진과 함께 설명드리는데요,

이때 키링을 보여드리며 설명하면 훨씬 쉬워요!

직접 만져보며 이런저런 이야기도 나눌 수 있답니다.

마크라메 키링을 만들기 위한 준비물은
D고리 키링과 42합 면로프!

42합실은 작은 악세사리를 만들 때
자주 사용하는, 비교적 얇은 실이에요.

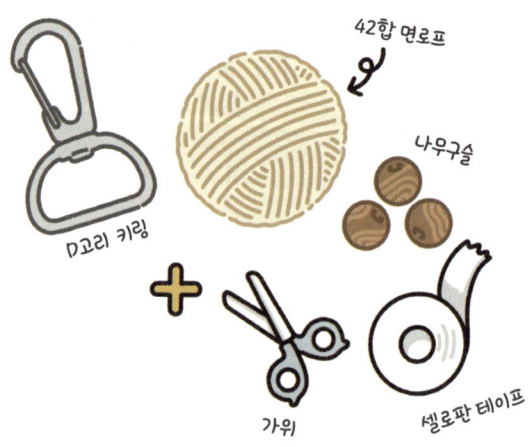

우선 실을 잘라줘야겠죠?

42합 실을 100cm 길이로 4줄 잘라 준비합니다.

그리고 키링에 걸어주세요.

원하는 패턴으로 차근차근 엮어줍니다.

책상에 테이프로 붙이고 엮어주면 작업하기 편해요.

로프매듭으로 단단하게 고정해 마무리해 줍니다.

초보자들도 쉽게 만들 수 있는 마크라메 키링 완성!

심심한 가방에 마크라메 키링을 걸어 포인트를 주면 귀여워요!

길이가 긴 키링도
20분 내로 만들 수 있어
한꺼번에 많이 만들어 놓고
선물용으로 나눠주면 딱 좋아요!

How to

동영상 QR

1. 42합 면로프를 100cm 길이로 4줄 잘라 키링에 레이스매듭으로 걸어주세요.

2. 사선이어엮기로 시작해서

3. 마름모 중앙에 평매듭이 포인트로 들어간 패턴을 엮어요.

4. 마름모 패턴을 3개 엮어줍니다.

5. 로프매듭으로 단단하게 마무리해 주세요.

6. 원하는 길이로 꼬리를 잘라주면 첫 번째 키링 완성!

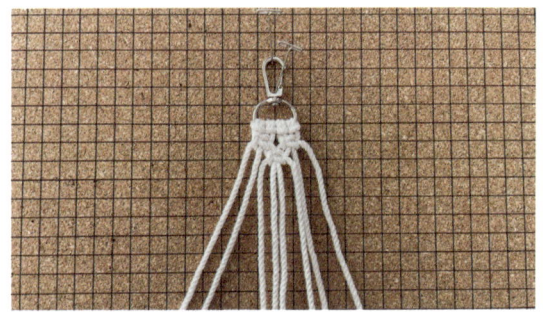

7. 두 번째 키링 패턴은 평매듭을 3개 엮어주세요.

8. 사선이어엮기를 양쪽 3번씩 반복하고 1cm 나무구슬을 꿰어주세요.

9. 대칭으로 사선이어엮기를 엮어주세요.

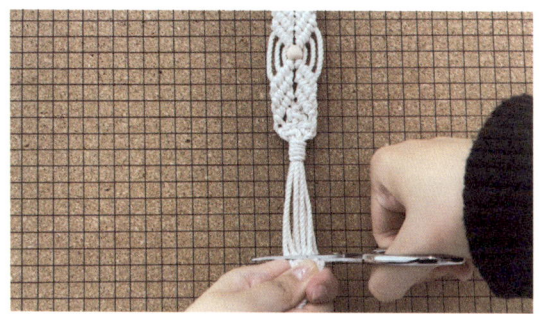

10. 로프매듭을 묶고, 원하는 길이로 꼬리를 잘라줍니다.

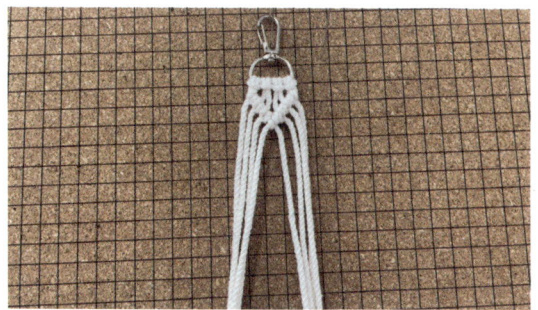

11. 세 번째 키링은 사선이어엮기로 v모양을 만들고

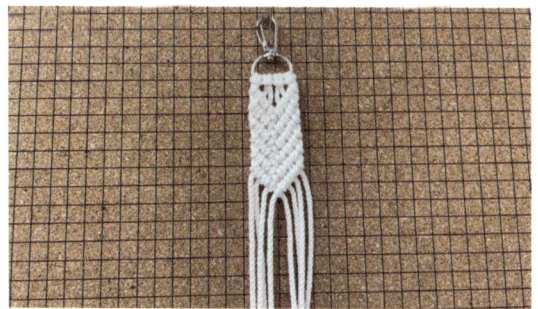

12. 같은 모양으로 총 6단을 엮어주세요.
취향에 맞게 더 길게 만들어도 좋아요.

13. 사선으로 꼬리를 잘라내고 빗질해줍니다.

14. 깔끔하게 가위로 실을 정리해 주세요.

15. 세 가지 디자인의 마크라메 키링! 완성이에요.

봄 산책과 텀블러 & 와인백

여러분은 동네 산책 좋아하시나요?

저는 최근에 근처에 천이 흐르고 산이 가까운 동네로 이사 왔는데요, 산책을 나갈 때마다 귀여운 주민들을 볼 수 있어 자주 나가는 편이에요. 특히 봄에는 날씨가 풀려서 산책이 더 반갑죠.

연하게 탄 뜨거운 커피를 담은 텀블러를 마크라메백에 넣고 달랑달랑 가볍게 산책을 나가 이것저것 보고 듣고 구경하다 찬바람을 맞으며 따뜻한 커피를 마시는 시간이 너무너무 행복해 그림으로 그려두고 싶었어요.

입체라서 만들기 어려울 것 같지만~! 사용되는 실과 매듭 수가 적어 초보자분들도 금방 만들 수 있는 마크라메 텀블러 & 와인 백! 줄을 짧게 만들어 텀블러 백으로 사용해도 좋고 길게 만들어 빈 와인병을 넣어 툭 걸어놓으면 예쁜 인테리어 용품이 된답니다.

집들이 선물로 와인을 들고 갈 때 쏙 넣어가면 정말 예뻐요 :)

준비 : 면로프(60합/3.5mm) - 300cm *8 / 면로프(60합/3.5mm) - 60cm *1
매듭법 : 세줄땋기, 한매듭, 평매듭, 로프매듭

바람이 따뜻해지면 어김없이 춘곤증이 찾아옵니다.

용을 써도 나른한 기운에서 빠져나올 수 없다면

커피를 연하게 타서 텀블러에 채우고

텀블러백을 달랑달랑 메고 산책을 나가요.

산책을 하다 보면 귀여운 주민을 만날 수 있어요!

오리는 언제 봐도 왜 이렇게 귀여울까요?!

그거 아시나요? 밤에는 오리 찍기가 매우 어렵다는걸요.

아주 가끔은 특별한 이벤트도 생기는데요,

오리를 구경하며 한자리에 앉아있다 보면

궁금했던 동네 정보도 들을 수 있어요.

귀여운 오리를 구경하는 것도 좋지만

오리를 보며 좋아하는 사람들을 보는 것도 참 좋아요.

구경이 끝나면 조용한 구석을 찾아 앉아요.

볕이 좋은 물가 자리에 앉아, 텀블러를 열고

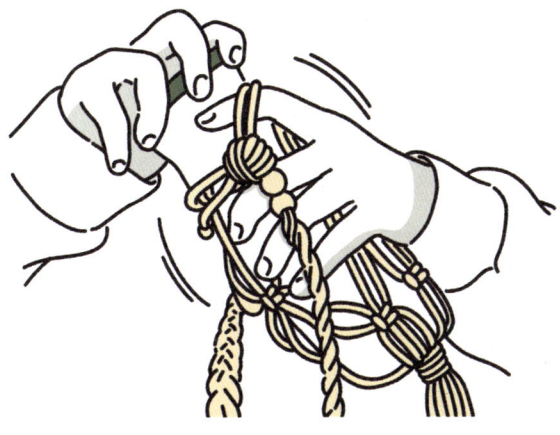

따뜻한 커피를 마시며 광합성을 합니다.

찬바람 맞으며 마시는 따뜻한 커피! 최고!

마크라메는 자주 사용하다 보면 매듭이 조금씩 풀리는데요,

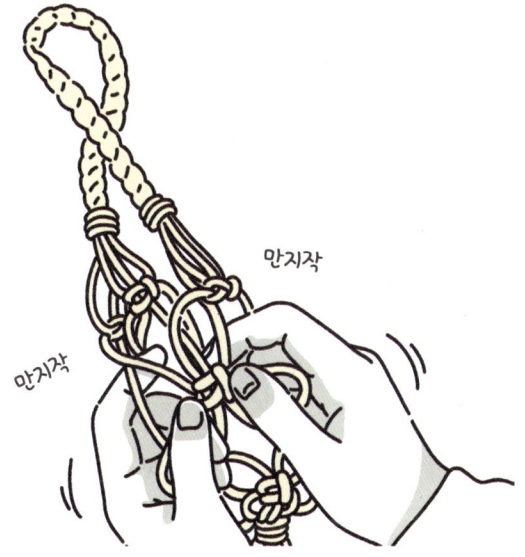

한가로이 야외에서 매듭을 다듬는 시간도 낭만적이죠.

아! 이 동네는 천을 따라 벚나무가 줄지어 있어요.

벚꽃이 피는 이맘때에는 친구를 동네로 초대해서

꽃구경하는 사람들 사이에서 사진 잔뜩 찍고

평소 안하던 예쁜 피크닉 음식들을 세팅하면

봄에만 느낄 수 있는 특별한 나들이랍니다!

여러모로 다양하게 사용할 수 있는
마크라메 텀블러 & 와인백 !!

오늘은 60합 면로프를 사용해요

300cm 길이로 자른 8줄의 중심을 테이프로 표시하고
S자 고리에 걸어 시작합니다.

끈적임이 남지 않도록
마스킹 테이프를
사용해요.

테이프를 중심으로 양쪽을 세줄땋기 해주세요.

한 번 크게 묶어준 뒤, 7cm 간격으로 평매듭을 엮어줍니다.

종이를 원하는 크기로 잘라서 활용하면 편해요!

텀블러, 와인병을 넣어서 길이를 확인한 뒤,

하단은 6cm 간격으로
3단 엮어줬어요.

로프매듭으로 마무리해 주고,
적당한 길이로 꼬리를 잘라줍니다.

쏘옥 텀블러를 넣어주면 완성!

길게 엮어 크로스백으로 메거나,
손잡이를 짧게 만들어도 귀엽답니다!

How to

동영상 QR

0. 60합 면로프를 300cm 길이로 8줄 준비해 주세요.

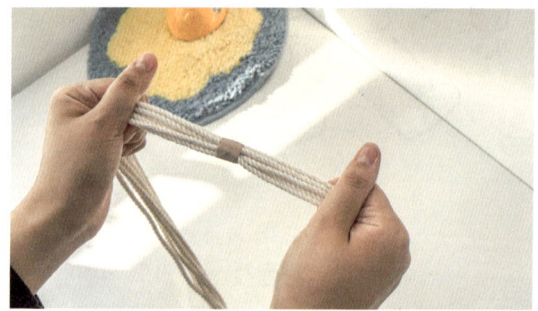

1. 중심을 알 수 있도록 마스킹 테이프를 붙여줍니다.

2. 8줄을 3, 3, 2개로 나눠 세줄땋기를 해줍니다.

3. 30cm 길이가 될 때까지 세줄땋기 해주세요.

4. 실을 모아 크게 한매듭을 묶어주세요.

5. 반대편도 같은 방식으로 세줄땋기 해줍니다.

6. 반대쪽도 한매듭 묶어주세요.

7. 매듭에서 7cm 아래, 평매듭을 엮어줍니다.

8. 6cm 간격으로 사이평매듭을 3단 엮어주세요.

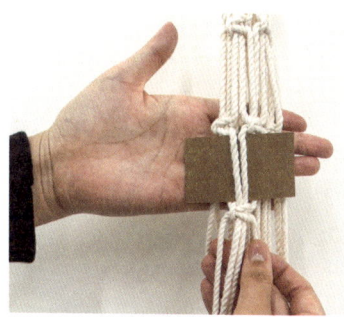

★. 원하는 크기로 종이를 잘라 쓰면 매듭간 간격을 맞추기 편해요!

9. 사용할 텀블러나 와인병을 넣어 크기를 가늠해 보세요.

10. 60cm 실을 이용해 로프매듭을 엮어줍니다.

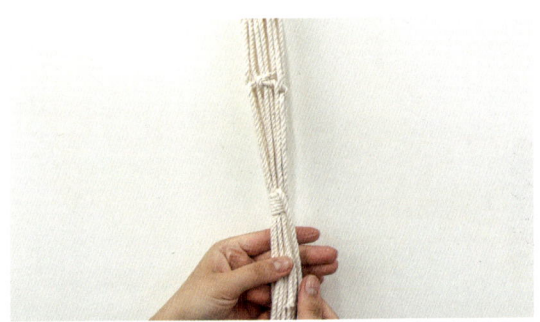

11. 로프매듭은 5~6번 둘러주세요.

12. 꼬리를 원하는 길이로 잘라줍니다.

13. 텀블러, 와인병을 안에 넣어주면 완성!

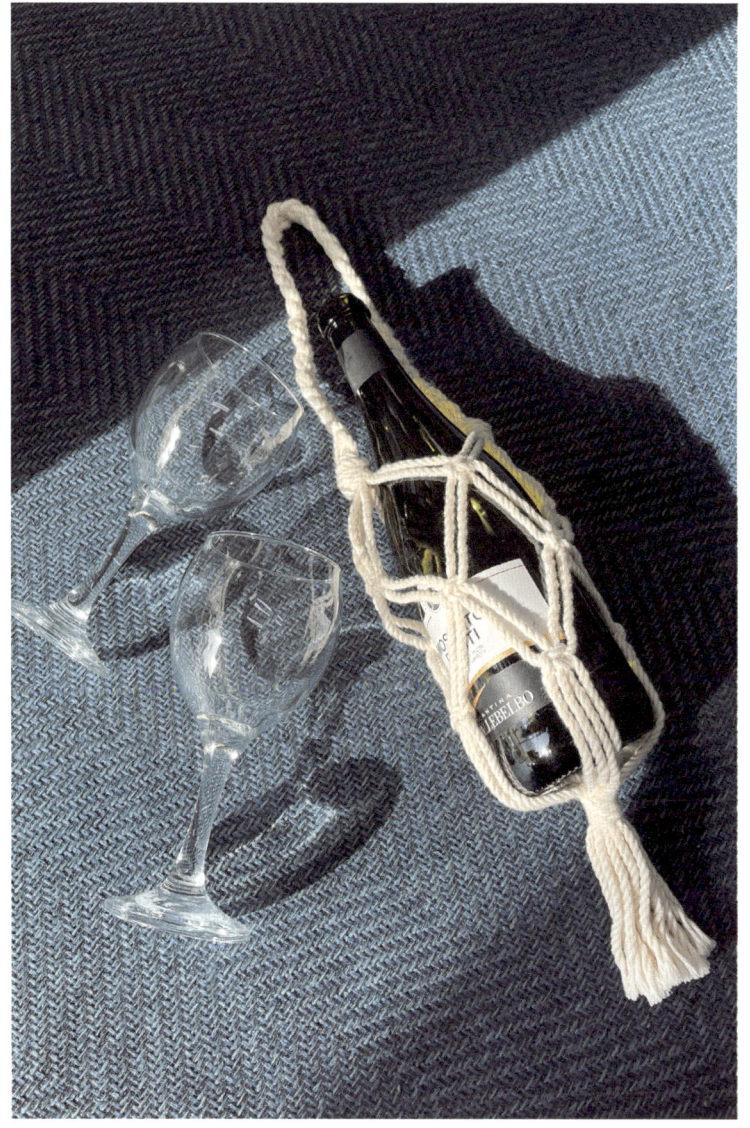

바다 로망과 유목 포토랙

마크라메의 가장 큰 매력은 다양한 재료를 사용할 수 있다는 거죠!

특히 자연에서 그대로 가져온 재료들을 이용할 수 있다는 게 참 매력적인데요, 바닷가에서 직접 주워 온 유목, 산에서 주워 온 사과나무 가지, 심지어 동물의 뿔, 뼈까지도..! 실을 걸 수 있다면 무엇이든지 아름다운 마크라메를 만들 수 있어요!

여름휴가로 바다에 놀러 가셨다면 예쁜 유목이 떠내려오지는 않았는지, 장식하기 좋은 조개껍질은 없는지 한번 둘러보세요. 도심 속에서는 구하기 어려운 특별한 재료를 구하실 수 있을 거예요.

여름의 추억을 잔뜩 담아 만든 마크라메 유목 포토렉! 조개껍질을 붙인 집게와 즐거운 순간을 담은 사진들을 벽에 걸어놓으면 더 생생하게 추억할 수 있을 거예요.

준비 : 면로프(120합/4.5mm) - 300cm *8 / 면로프(120합/4.5mm) - 100cm * 1, 유목, 목봉 (30cm) - 2개, (선택) 조개껍질, 글루건, 나무집게 - 5개
매듭법 : 레이스매듭, 평매듭, 이어엮기, 한매듭

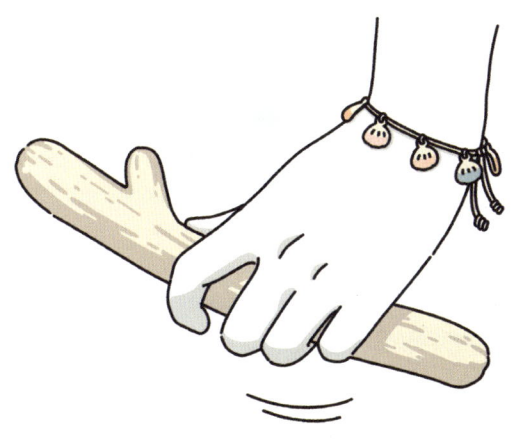

해외 마크라메 작가님들은 정말 부러워요!

바다에서 멋진 유목을 주워서 마크라메를 만들 수 있다뇨!

자연과 가까운 곳에서 작업하는 작가님들의 작품을 보면
너무나 멋지고 부러워 넋을 놓고 구경하게 돼요.

자연에서 재료를 직접 구해 만든다는게 참 매력적이죠.

가까운 강릉으로 여행 계획을 세워보지만..

..서울에 살면서 유목을 줍기는 어려워요.

친구와 제주도에 여름휴가를 떠나게 되었어요!

조금 불안하지만 유목 주우러 제주도로 출발~

제주에서만 먹을 수 있는 맛있는 음식들도 먹고요,

조용한 찻집에서 말라버린 감성 충전해주고요,

...혹시 유목이 많은 해변 아시는 분, 연락 주세요.

호기롭게 나섰지만 적당한 유목을 찾기는 쉽지 않았어요.

하지만 고생 끝에는 보람이 있는 법!

며칠 후

좀 고생했지만 만들어 놓으니까 방이랑 잘 어울리고 예쁘네!

뿌듯!

이걸 만들려고 주운 거였구나~

주워 온 조개껍질 붙인 것도 엄청 잘 어울려~

사진도 뽑아놓으니까 좋다 완전 여름 느낌 나지~

행복했던 여름을 기억하는 유목 포토랙 완성!

준비물은 이렇게 필요해요!

120합 면로프를 300cm길이로
8개 잘라 유목에 걸어주세요.

일정한 간격을 두고 평매듭을 엮어줍니다.

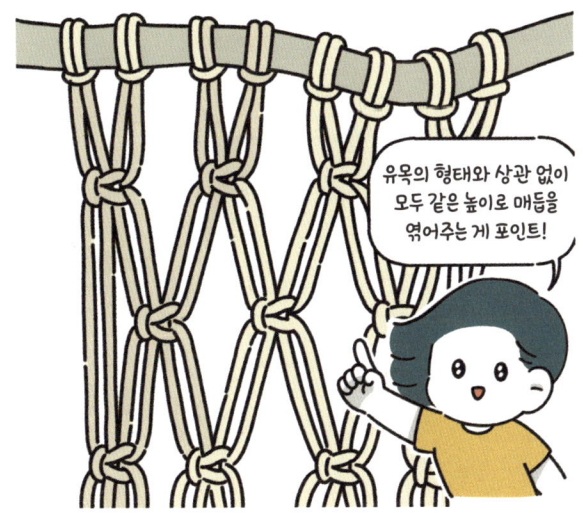

유목의 형태와 상관 없이
모두 같은 높이로 매듭을
엮어주는 게 포인트!

유목을 중심으로 이어엮기해 마무리해 줍니다.

조개껍질이 있다면 글루건을 이용해 집게를 붙여주세요.

집게를 사용해 사진이나 엽서를 걸어주면 포토랙 완성!

헤어핀 정리걸이로도 사용하실 수 있어요.

How to

동영상 QR

0. 120합 면로프를 300cm, 8줄 준비해 주세요.
(인터넷에서 구매 가능한 유목을 사용했어요)

1. 레이스매듭법으로 유목에 실을 2줄씩 모아 걸어주세요.

2. 첫 단은 목봉에서 5cm 아래 평매듭을 4개 엮어주고,
두 번째 단부터는 6cm 아래 사이평매듭을 3개 엮어줍니다.

바다 로망과 유목 포토랙

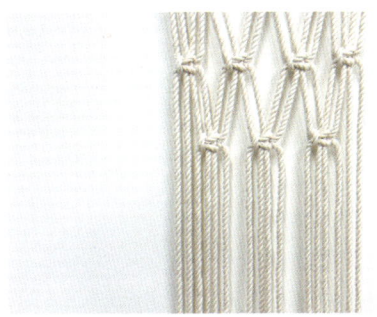

3. 이때 전체적인 폭이 줄어들지 않게 신경써주세요.

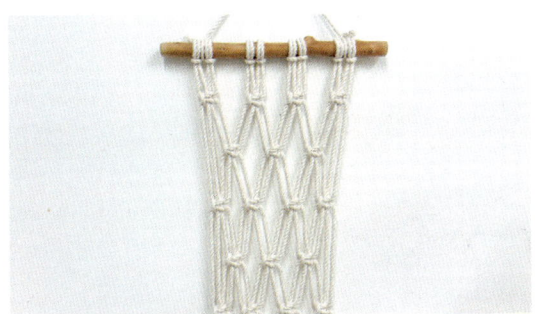

4. 평매듭은 총 5단 엮어주세요.

5. 6cm아래, 이어엮기를 이용해 유목을 감싸주세요.

6. 특별하게 한매듭으로 장식해볼게요!

7. 원하는 길이로 실을 잘라주세요.

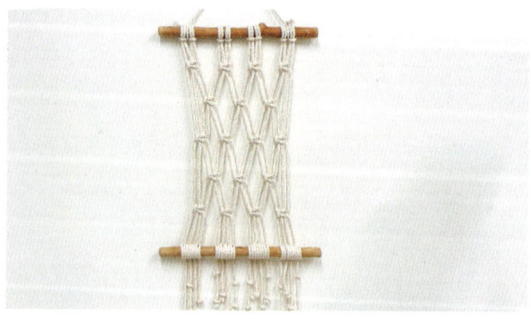

8. 사진, 머리핀 등을 걸 수 있는 포토랙! 완성이에요 :)

동네 카페와 마크라메 도어벨

여름에는 시원한 장소를 찾아다니게 되죠!
저는 집 안이 너무 더워지면 열을 뿜는 컴퓨터를 피해 짐을 바리바리 들고 카페에 가요. 여러분은 카페에서 공부하거나, 작업하는 걸 좋아하시나요?

저는 좋아하는 카페에서 시원한 커피를 마시며 시원한 에어컨 바람, 좋은 음악, 집중한 사람들을 사이에 있으면 일이 잘 되더라요. 그중에 저의 까다로운 조건을 통과한! 특별한 동네 카페가 있는데요, 문을 열고 닫을 때마다 딸랑딸랑 울리는 도어벨 소리가 사랑스럽답니다.

나만의 특별한 장소에 걸어 둘 마크라메 도어벨! 한 방향으로만 매듭짓는 평돌기 기법과 귀여운 고리태슬을 만들어 걸어 쉽게 만들 수 있어요.

집들이나, 가게를 오픈한 친구에게 선물하기 좋은 마크라메 작품이랍니다.

준비 : 면로프(120합/4.5mm) - 500cm *1 / 면로프(120합/4.5mm) - 30cm *18,
금속링(15cm) - 1개 / 미니 금속종 - 1개 / 금속구슬(20mm) - 1개 / 돗바늘 1개
매듭법 : 한매듭, 평돌기매듭, 로프매듭

에어컨을 틀어도 후덥지근한 한여름!

버틸 수 없으면 빠르게 짐을 챙겨요!

여러분은 카페에서 작업하는 것을 좋아하시나요?

프리랜서 생활을 시작하며 카페 작업의 매력을 알게 되었죠.

'포실스 선정 동네 카페' 지도도 만들고 있답니다!

최근 예쁜 카페들을 둘러보며 느낀 점이 있는데요,

마크라메 소품들이 걸려 있는 곳이 많이 보여요!

일단 카페가 너무 작거나
좌석간의 사이가 너무 좁으면 안 돼요!

그리고 아무리 힙해도 낮은 테이블과
딱딱한 의자도 절대 안돼요!

카페에서 집중해서 일하고 나면 기분이 좋거든요!

여러분은 카페 고르는 기준이 있나요?
작업하기 좋은 카페 알고 계신다면 알려주세요~

아! 제가 최근에 자주 가는 동네 카페가 생겼는데요!

너무 좋아서 매일 가고 싶은 마음을 참을 정도랍니다!

이곳에는 다양한 종류의 밀크티가 있어서
매번 행복한 고민을 하게 되는데요,

가끔 달콤한 밀크티에 따끈한 스콘까지 시키면
행복한 마음으로 일을 시작할 수 있죠!

큰 통창을 통해서 햇빛이 들어오는 것도 너무 좋아요.

비슷한 시간대에 자주 오다 보면
단골 손님들이 눈에 익게 되는데요,

비슷한 시간대에 선호하는 자리에 앉아 계시는
손님을 보게 되면 내적 친밀감이 쌓여요.

동네 사람들도 이 카페를 많이 좋아하는구나,
느껴져 마음이 따뜻해집니다.

좋은 공간에 있다보면 미래의 제 공방은 어떨지 상상하게 돼요.

햇볕이 잘 들어오는 커피향이 가득한 수공예 공방

또 가고 싶은 특별한 공방이 되었으면 좋겠어요.

동네 카페와 마크라메 도어벨

좋은 소식을 전해주는 도어벨!
마크라메 기법으로 만들어 보아요!

매듭 수가 많지 않은데 예쁜 작품을 만들 수 있어
만족도가 높은 디자인 중 하나예요!

120합 면로프를 500cm 길이로 잘라
금속링을 중심에 두고 평돌기매듭을 엮어줍니다.

구슬을 끼운 뒤 한매듭지어 고리를 만들어 줍니다.

120합 면로프를 30cm 길이로 잘라
고리 태슬을 3개 만들어 달아주세요.

자투리 실이 많이 남을 때
태슬 만드는 방법을 알면 낭비 없이
자투리 실도 활용해 사용할 수 있어요.

딸랑 딸랑 소리가 나는 종을 중심에 달아주면!

맑고 청아한 소리에 좋은 소식이 찾아올 것 같은
귀여운 마크라메 도어벨 완성!

How to

동영상 QR

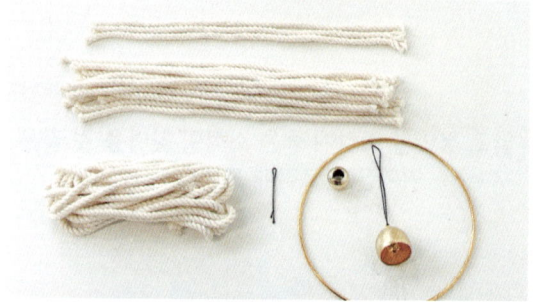

0. 120합 면로프를 이용해서 도어벨을 만들어 볼게요.

0. 태슬용 30cm 면로프 18줄은 비슷한 크기의 사물을 이용해 잘라보세요!

1. 평돌기 매듭법을 이용해 금속링을 전체적으로 감아주세요.

2. 이렇게요!

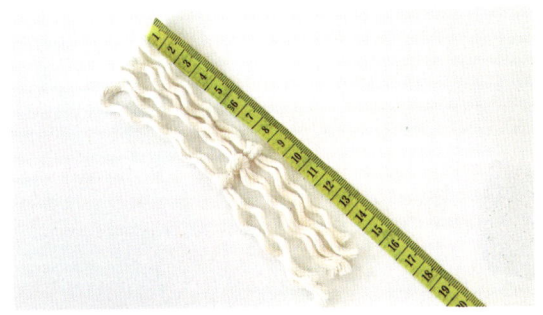

3. 30cm 줄 3줄을 갈라내고, 같은 길이로 한매듭고리를 3개 만들어주세요.
(나머지 갈래줄은 태슬 걸이줄과 로프매듭 줄로 사용합니다.)

4. 위와 같은 방법으로 태슬을 만들어줄 거예요.

5. 5번 정도 감싸 로프매듭으로 묶어주고

6. 5cm 길이로 꼬리를 잘라 태슬을 만들어줍니다.

7. 같은 방법으로 총 3개 만들어주세요.

8. 금속구슬을 꿰고 한매듭으로 걸이용 고리를 만들어주세요.

9. 돗바늘을 이용해 태슬 3개를 레이스매듭법으로 걸어주세요.

10. 양쪽의 태슬이 비슷한 높이에 있는 게 예뻐요.

11. 종도 돗바늘을 이용해 금속링에 달아줍니다.

★. 태슬을 뽀송하게 빗질해도 무척 귀엽답니다!

12. 마크라메 도어벨, 완성이에요!

이오난사 삼총사 월행잉

여름에는 벌레가 참 많죠, 식물을 키우다 보면 흙에 벌레가 생겨 곤란했던 적이 많이 있는데요. 흙 없이도 살 수 있는 공중 식물! 틸란드시아 이오난사를 아시나요?

마크라메와 무척 잘 어울려 집에서 이오난사를 키우며 마크라메 키트로 함께 판매하고 있어요. 가짜같이 생긴 귀여운 생김새 덕분에 재미있는 에피소드도 많이 생기는데요, 2022년 여름 일러스트 페어에 나가서 관람객분들과 이오난사를 주제로 이런저런 재미있는 대화를 많이 나눴답니다.

만나는 분마다 이오난사를 귀여워해 주셨어요!
많으면 많을수록 귀여운 이오난사를 3개나 함께 키울 수 있는 이오난사 삼총사 월행잉!

아름다운 이어엮기 패턴을 이용해 만들어보아요.

준비 : 면로프(120합/4.5mm) - 330cm *20 / 면로프(120합/4.5mm) - 60cm *3 / 면로프(120합/4.5mm) - 100cm *1 / 목봉 (40cm) - 1개 / 미니 이오난사 3개
매듭법 : 레이스매듭, 평매듭, 이어엮기, 로프매듭

식물이면서 어떻게 흙이 없어도 살 수 있나 싶지만..

직사광선이 내리쬐지 않는 반그늘에서,
환기가 잘되는 곳에 놓아주세요.

일주일에 한 번
분무기를 이용해
듬뿍 물을 뿌려주거나

30분 정도
물에 풍덩
담가둡니다.

특별히 관리해 줄 게 없어서
식물을 모르는 저도 잘 키우고 있어요.

마크라메와 잘 어울려서 마크라메 제품들과
세트로 함께 장식되는 경우가 많아요.

이오난사 키트를 판매하다 보면
재미있는 일이 자주 생기는데요,

다행히 이오난사가 튼튼했는지 잘 지내고 있답니다!

2022 여름에는 서울 일러스트레이션 페어에 참가해
마크라메 굿즈와 키트들을 판매했었는데요,

그중에서도 이오난사 플랜트행거 키트가
가장 인기가 좋았답니다.

특히 이오난사를 보고 놀라실 때 재미있었어요!

저와 이오난사의 깜짝쇼같은 느낌이랄까요!

집을 떠난 이오난사들은 새로운 집에서
좋은 공기를 만들며 열심히 살고 있겠죠!

이오난사야~ 새로운 집에서 사랑 많이 받으렴!

귀여운 이오난사 삼총사를 걸어 놓을 수 있는
이오난사 월행잉을 만들어 보아요!

준비물은 이렇게!

120합 면로프를 330cm 길이로 20줄 잘라
40cm 목봉에 걸어주세요.

이번에는 특별히 이어엮기를 이용해
아름다운 패턴을 만들어줬어요.

양쪽의 패턴은 서로 크기와 길이가 비슷하도록
신경 쓰면서 매듭을 엮어주세요!

이오난사가 들어갈 주머니를 만들어주고,
이오난사를 쏘옥 넣어주면!

이오난사 삼총사를 걸어 놓을 수 있는
이오난사 3단 월행잉 완성!

How to

동영상 QR

0. 120합 면로프를 330cm 길이로 20줄을 준비해 주세요.

1. 40cm 목봉에 잘라놓은 20줄을 걸어주세요.

2. 중심 16줄을 모아 이어엮기와 평매듭을 이용해 마름모 패턴을 엮어주세요.

3. 아래 10줄을 모아 작은 마름모 패턴도 엮어줍니다.

4. 4줄을 모아 더 작은 마름모 패턴을 마무리해 주세요.

5. 양 사이드, 6줄을 모아 평매듭을 품은 작은 마름모 패턴을 엮어줍니다.

6. 아래 12줄을 모아 큰 마름모 패턴을 엮어주세요.

7. 6줄을 모아 작은 마름모 패턴을 엮어 마무리해 줍니다.

8. 다시 중심으로 돌아와 패턴의 끝에서 10cm 아래 평매듭을 이용해 주머니를 만들어 줄 거예요.

9. 양 끝에서 2줄씩 모아 잡아 평매듭을 엮고, 평매듭으로 원통을 만들어주세요.

10. 3단 모두 같은 방법으로 주머니를 만들어 줍니다.

11. 60cm 실을 이용해 로프매듭을 엮어주세요.

12. 25cm 길이로 꼬리를 잘라줬어요.

13. 100m 길이로 잘라낸 실을 목봉에 두 번씩 묶어 걸이실을 달아주세요.

14. 이오난사 삼총사를 쏘옥 넣어주면! 완성이에요 :D

가을 이야기 🍁

털친구들과 마크라메 도그토이

마크라메 기법으로 무엇을 만들 수 있을까요? 보통 마크라메라고 하면 벽걸이 장식, 티 코스터, 행잉플랜트… 인테리어 용품 정도를 상상하시죠.

마크라메를 접하고 몇 년이 지났지만 상상도 하지 못한 다양한 종류의 마크라메 작품들이 만들어지는 걸 보고 놀랄 때가 많답니다. 그중에 하나는 반려동물 용품인데요, 아주 다양하고 귀여운 용품을 마크라메 기법으로 만들어 보실 수 있어요! 목걸이, 리드줄, 낚시대, 공 등… 다양한 장난감을 만들 수 있는데요, 터그놀이를 할 수 있는 도그토이를 세 가지 디자인으로 만들어 봤어요!

귀여운 털친구들에게 선물할 장난감, 직접 만들어 보세요!

아참, 털친구들이 물고 뜯고 씹기 안전하게 생산된 실을 구매하시는 것, 잊지 마시고요!

준비 : A - 민자로프(4.5mm) - 색실 220cm *2, 흰실 220cm *2
　　　 B - 민자로프(4.5mm) - 색실 220cm *2, 흰실 220cm *2
　　　 C - 민자로프(4.5mm) - 색실 340cm *2, 흰실 340cm *2
매듭법 : 한매듭, 크라운매듭

긴 여름이 지나고 바람에 가을 냄새가 실려왔어요!

가을이 좋은 건 가을 시즌 메뉴도 맛있고,

아름답게 물든 단풍을 볼 수 있는 것,
하지만 무엇보다 가장 좋은 건요,

산책 나온 털친구들을 많이 볼 수 있다는 거예요!

바라보면서 내적 갈등하는 거... 저만 그런가요?

최근 친구에게 이 이야기를 했는데요,

가을이라 자주 나타나는건 사실 저였어요..!

털친구들과 함께하고 싶은 꿈을 가지고 있지만..

저는 슬픈 사연을 가지고 있어요..

사실 저는 심한 털 알러지가 있답니다..

그렇게 시작된 이뤄질 수 없는
털친구들에 대한 짝사랑..

친구들이 보내주는 사진을 보거나
유튜브를 통해서 애정을 표현하고 있어요.

그래서 간접적으로 여러 정보들을 알게 되었는데요,

하지만 제가 아는 건 빙산의 일각이었어요!

하루는 마크라메 주문 제작을 요청한 친구와
원하는 디자인에 대해 이야기 나누고 있었어요.

친구에게 깃털 장식을 추천해 주었는데..

너무나 단호하게 싫다는 거예요!

저는 고양이가 정말 실을 좋아하는지 몰랐거든요..

알아보니 마크라메 작가님들의
냥이들도 실을 무척 좋아한다고 해요..!

친구와 진지한 회의 끝에 디자인된 마크라메는

큰 관심을 받지 않고 성공적으로 방에 걸렸답니다!

태슬을 막대기에 달아 만든 고양이 장난감!

원숭이 주먹 매듭으로 만든 장난감 공!

푹신 푹신 마크라메 해먹!

목걸이와 리드줄도 마크라메로 만들 수 있어요.

강아지와 놀 수 있는 터그 장난감까지!

반려동물이 없는 사람은 상상하기 힘든
다양한 용품들을 만들 수 있답니다.

눈물을 닦고 오늘은 친구의 반려멍,
보리를 위해 터그 장난감을 만들어야겠어요.

귀여운 털친구들과 놀 수 있는
마크라메 터그 장난감을 만들어 보아요!

디자인B 200cm(4줄)
디자인C 340cm(4줄)
디자인A 200cm(4줄)

두 가지 색상의 실을 2줄씩 잘라 양 끝을 테이프로 묶어주세요.

A를 만들어 볼게요! 실을 모아 한매듭을 해주고, 크라운 매듭을 엮어줍니다.

크라운 매듭! 이름이 귀엽죠?

털친구들과 마크라메 도그토이 | 200

줄을 사방으로 나눠 놓고 한쪽 방향으로
실을 넘겨가며 엮는 매듭 기법이에요.

집중해서 엮다 보면
어느새 쭉쭉 늘어나요.

제가 초등학생일 땐 크라운 매듭법으로
투명한 끈 열쇠고리를 만드는 게 유행이였는데..!!
혹시 아시나요??

너무 너무
재미있다..

원하는 크기가 될 때까지 엮어주세요.
저는 몸통 15cm로 만들었어요.

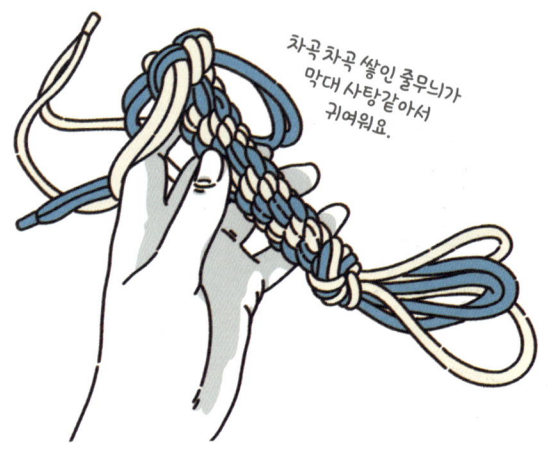

차곡차곡 쌓인 줄무늬가 막대 사탕같아서 귀여워요.

한 번 크게 묶어주고 실이 풀리지 않도록
실의 끝을 매듭지어 마무리해 주세요.

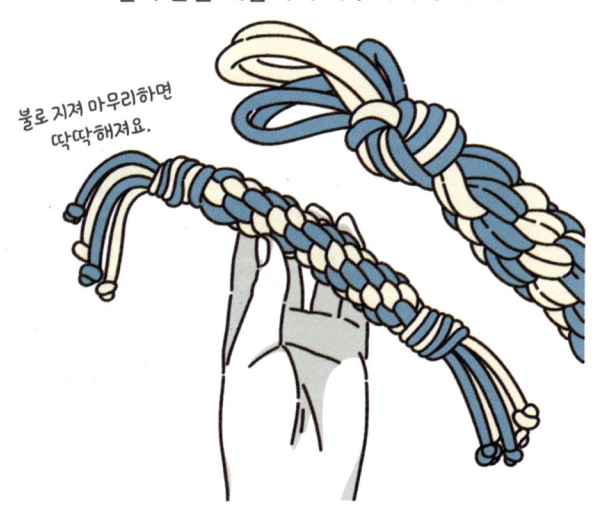

불로 지져 마무리하면 딱딱해져요.

귀여운 털친구를 위한 마크라메 터그 장난감! 완성!

How to

동영상 QR

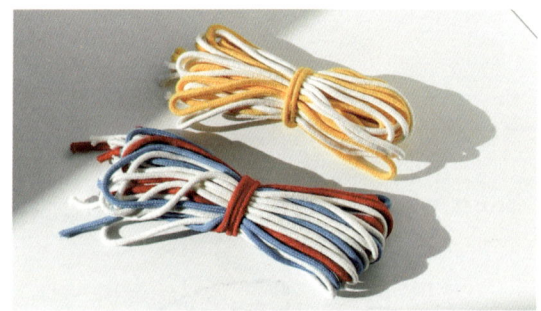

0. A, B : 200cm , C : 340cm 길이로 흰색 색실 각각 2줄씩 준비해 주세요.

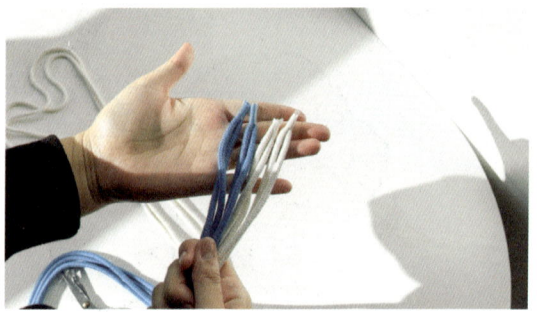

1. 개당 4줄이 필요한데요, 같은 색실을 모아 양 끝을 테이프로 감아줍니다.

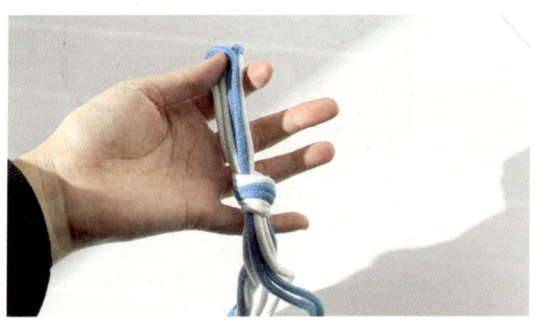

2. 실을 모아 크게 한매듭 묶어주세요.

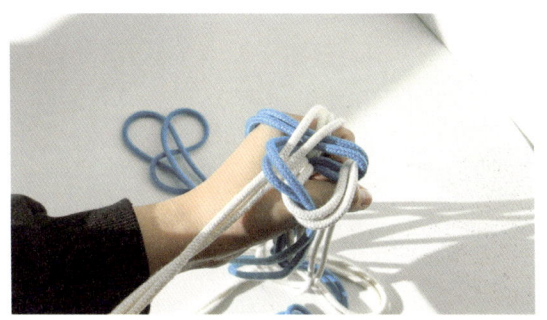

3. 한 줄씩 넘겨가며 크라운 매듭을 엮어줍니다.

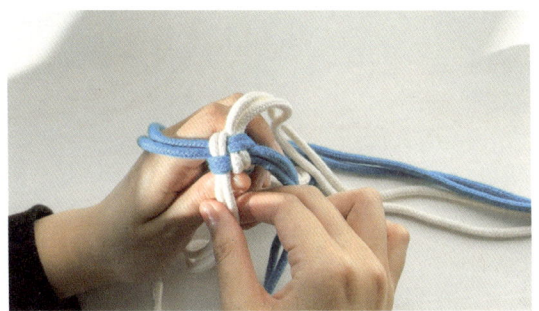

4. 원하는 길이가 될 때까지 크라운 매듭을 쌓아주세요.

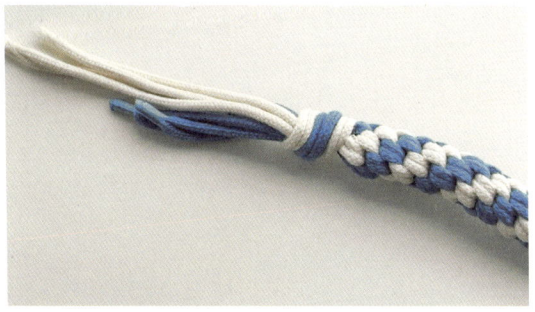

5. 한매듭으로 꼭 묶어 마무리해 줍니다.

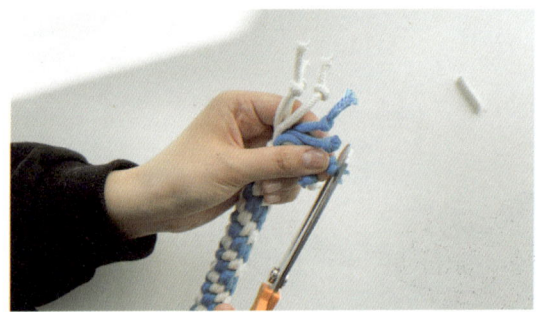

6. 한 줄씩 한매듭을 묶고 남은 실은 바짝 잘라주세요.

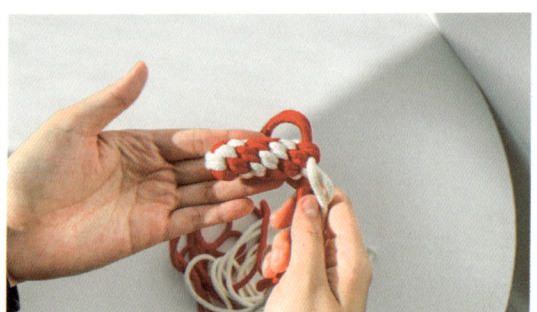

7. B 디자인은 바로 크라운 매듭으로 시작해요.

8. 원하는 길이가 되면 같은 방법으로 마무리해 주세요.

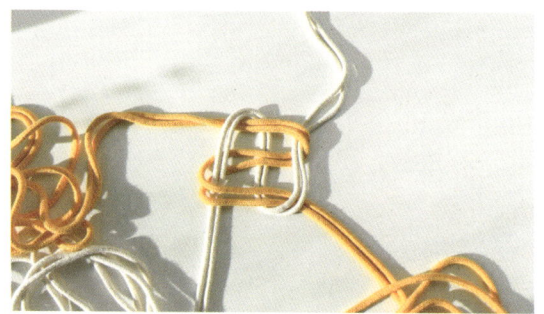

9. C 디자인도 크라운매듭으로 시작해요.

10. 20cm 길이로 크라운 매듭을 엮어주고,

11. 첫 번째 매듭에 꼬리를 끼워넣어 고리를 만들어 줍니다.

12. 10cm 길이로 크라운 매듭을 쌓아주세요.

13. 원하는 길이로 자르고, 실이 풀리지 않게 한매듭 마무리합니다.

14. 세 가지 디자인으로 만들 수 있는 도그토이! 완성이에요.

가을 이야기

팟캐스트와 책, 마크라메 레터렉

여러분은 공부하거나, 일을 하실 때 어떤 음악을 들으시나요?

저는 주변이 적막하면 심심하고 외로워서 일어나서 잠들 때까지 항상 무언가를 틀어놓아요. 음악, 팟캐스트, 유튜브..고민 상담부터 미스터리 괴담까지..작업할 때는 빠져서는 안 되는 필수품이죠.

그중에서 팟캐스트 듣는 걸 가장 좋아하는데요, 창작자 작가님들이 진행하는 팟캐스트는 외로운 1인 프리랜서의 삶을 윤택하게 만들어 준답니다. 창작 작가님들을 응원차 구입한 책을 읽기 위해 만든 마크라메 래터랙! 필요할 때 직접 만들어서 바로 써 볼 수 있는 것, 마크라메 공예의 큰 매력이죠.

주머니를 넉넉하게 만들어 이것저것 필요한 것들을 담아 정리하기도 좋답니다.

준비 : 면로프(120합/4.5mm) - 300cm *12 / 면로프(120합/4.5mm) - 150cm *12
면로프(120합/4.5mm) - 60cm *2 / 면로프(120합/4.5mm) - 100cm *2
목봉 (30cm) - 1개 / 돗바늘 1개
매듭법 : 레이스매듭, 평매듭, 이어엮기

저는 무엇을 듣느냐가 정말 중요하거든요!

저는 머리 쓰는 작업을 할 때는 가사 없는 음악을 듣고

그 외에는 팟캐스트를 듣거나 유튜브를 틀어놔요.

깜빡하고 이어폰을 놓고 카페에 온다면..

개인 방송인 팟캐스트를 자주 듣는 이유가 있는데요,

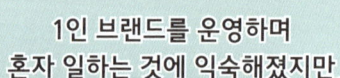

그렇게 듣다 보면 자연스럽게 책 소식도 접하게 되고

서점에 구경 가면 응원하는 마음에
책을 여러 권 구매하곤 하는데요..

그런데 사실 저는..
집에서 책을 잘 읽지 않아요..

날씨가 선선해져 독서하기 좋죠,
책이나 잡지를 꽂아 장식할 수 있는 마크라메 레터랙!
만들어 볼까요!

120합 면로프 300cm 12줄, 150cm 12줄,
60cm 2줄, 100cm 2줄을 잘라 준비해 주세요!
30cm 목봉, 가위, 줄자!

평매듭과 이어엮기 매듭법으로
패턴을 엮어주세요.

이어엮기를 짧게 반복해 엮어 나비무늬를 만들었어요!

줄을 추가해서 주머니의 앞, 뒷면을 만들어 줍니다.

뒷면   앞면

주머니를 마무리하기 전에 꼭 책을 미리 넣어보세요!

옆으로 튀어나온 실은 돗바늘에 꿰어 보이지 않게 잘 정리해 주세요.

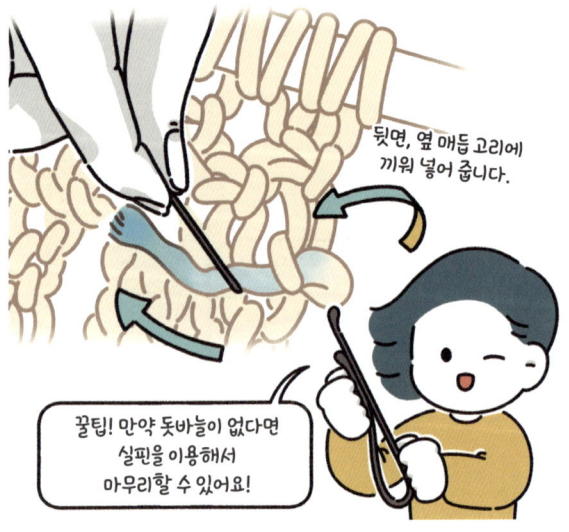

주머니가 넉넉해 여러 가지 물건을 넣어 곁에 두고 사용할 수 있어요.

How to

0. 120합 면로프, 300cm 12줄을 준비해 주세요.

1. 30cm 목봉에 12줄 모두 걸어줍니다.

2. 평매듭 2단 엮어주세요.

3. 60cm 줄을 추가해 이어엮기 한 줄, 나비패턴 1줄, 이어엮기 1줄 엮어줍니다.

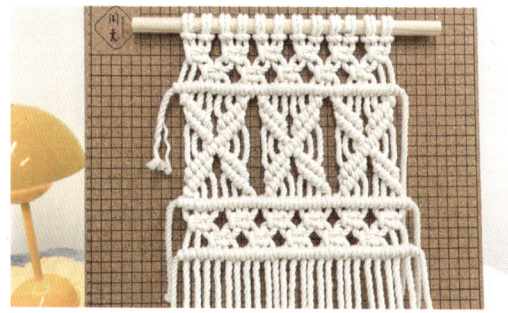

4. 하단에 평매듭 2단 엮고, 100cm 줄을 추가해 이어엮기 1줄 엮어주고,

5. 150cm 길이로 12줄 잘라 이어엮기 중심줄에 걸어줍니다.

6. 목봉에 걸려있는 실을 평매듭 6단, 먼저 엮어주고

7. 추가된 실도 같은 모양으로 평매듭 엮어줍니다.

8. 앞뒤로 뒤집어가며 목봉실과 추가된 실을
   평매듭 엮어가며 주머니를 만듭니다.

9. 총 9단 엮어주고, 8줄씩 모아 크게 평매듭 엮어주세요.

10. 테이프를 붙여 자르는 것도 좋은 방법이에요.

11. 여러 번 가위질해 깔끔하게 다듬어 주세요.

12. 만약 돗바늘이 없다면 실핀을 이용해서 마무리할 수 있죠!
    튀어나온 실들은 뒷면 매듭에 꿰고 잘라냅니다.

13. 100cm 실을 이용해 걸이용 실을 목봉에 묶어주세요.

14. 책을 더 가까이에 둘 수 있는 레터렉! 완성이에요 :)

가을 이야기 🍁

걱정과 불안을 잊는 모던 월행잉

누군가가 저에게 마크라메의 좋은 점을 딱 한 가지만 꼽아보라고 한다면, "쓸데없는 걱정과 불안을 잊게 해준다."라고 대답할 수 있어요.

저는 후회와 걱정, 불안이 많은 편인데요, 그 문제들을 해결책을 찾기보다는 매일 자책하며 괴로워하기만 했어요. 두통과 구역질을 참아가며 직장 생활을 하던 중 우연히 알게 된 마크라메를 만들며 괴로웠던 주말 밤들을 잔잔하게 보낼 수 있었답니다.

혹시 해결할 수 없는 걱정과 불안을 잊고 싶으시다면, 지금에 집중하고 스스로 뿌듯함을 느끼고 싶으시다면 무언가 손으로 만들어 보세요. 그중에 한 방법으로 마크라메를 추천해 드려요.

보기에는 쉬워 보이지만, 신경 써야 하는 것들이 한두 개가 아니거든요! 눈앞에 있는 매듭에 집중하다 보면 어느새 걱정들은 차분히 가라앉고 손가락 끝에 집중하게 될 거예요.

준비 : 면로프(60합/3.5mm) - 270cm *20 / 면로프(60합/3.5mm) - 40cm *26
면로프(60합/3.5mm) - 100cm *1 / 나무구슬 (20mm) - 1개,
목봉(40cm) - 1개
매듭법 : 레이스매듭, 평매듭, 이어엮기, 로프매듭

평매듭의 높이가 일정하지 않고 삐뚤빼뚤하잖아요!

마크라메는 쉬워 보이지만 의외로 집중력을 필요로 하는 공예예요.

집중하지 않으면 이 매듭을 엮을 때 어떤 마음을 가지고 있었는지 고스란히 스며들죠.

사회 초년생, 직장 생활할 때는 요령도 없이
왜 그렇게 고스란히 힘들어했나 싶어요.

혼자서 감당하기 힘든 일들이 정신없이 휘몰아치고

매일 막차 버스에서 눈물을 흘리고

주말에도 불안과 걱정에서 벗어나지 못해
울거나 불평하며 시간을 보내거나

밤에도 쉽게 잠들지 못하고
스트레스 받으며 주말을 보냈죠.

뭐라도 해야겠다는 생각에 재료들을 충동구매!

보기에 쉬워보이는 매듭은
신경 써야 할 요소들이 많았어요.

처음에는 어려웠지만 계속 반복하다 보니
조금씩 손에 익더라고요.

스스로에게 칭찬한 것도 정말 오랜만이었죠.

마크라메를 만들기 시작하고,
회사생활이 조금씩 변하기 시작했는데요,

주말을 기다리는 이유가 생기고,
괴로운 시간을 버틸 수 있는 힘이 생겼어요.

금요일 밤, 마크라메를 위해 주변 세팅을 하고

불안과 걱정을 유발하는 요인들도 모두 안녕!

처음에는 이런저런 걱정과 안 좋은 생각이 들다가도

완벽한 높이, 모양새를 갖춘 매듭을 위해
집중하다 보면 어느새 걱정이 사라져요.

당장의 걱정과 불안을 잊게 해준 것,
마크라메를 사랑하는 이유 중의 하나예요.

평매듭과 이어엮기를 이용해
모던 마크라메 월행잉을 만들어보아요!

60합 면로프를 270cm 길이로 잘라
40cm 목봉에 걸어주세요.

평매듭과 이어엮기를 반복해 패턴을 엮어줍니다.
중심에는 나무구슬이 들어가요!

이 패턴의 매력은 매듭량이 많지만,
이어엮기를 잡아줄 평매듭이 있어 초보자분들도
깔끔한 매듭을 엮을 수 있다는 점이에요!

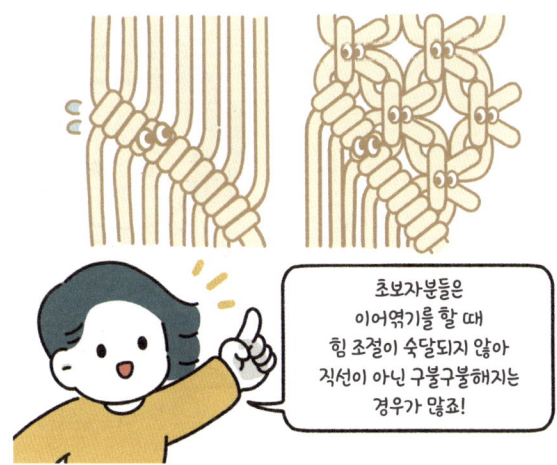

좌우에 걸어줄 고리 태슬도 만들어 줍니다.

좌우에 걸리기 때문에
같이 길이, 크기, 모양으로
만들어 주세요.

벽에 걸 걸이실도 양 끝에 묶어주면!

머릿속 걱정을 날려주는 모던 월행잉 완성이에요!

How to

동영상 QR

0. 60합실 면로프, 270cm 길이로 20줄 준비합니다.

1. 40cm 목봉에 레이스매듭법으로 20줄 걸어주세요.

2. 평매듭을 엮어 양쪽에 마름모를 만들어주고,

3. 중심에서 사선으로 내려가며 평매듭 엮어주세요.

4. 평매듭을 따라 이어엮기를 반듯하게 엮어줍니다.

5. 아래 평매듭을 한 줄 더 엮어주세요.

6. 중심 평매듭 4cm아래, 나무구슬을 품은 마름도 패턴을 엮어주세요.

7. 평매듭, 이어엮기, 평매듭 순으로 패턴 엮어줍니다.

8. 양 끝 12cm 아래에 평매듭과 이어엮기 패턴을 엮어 마무리합니다.

9. 40cm 실들을 26줄 잘라 태슬을 만들어 줍니다.

10. 갈라낸 실을 이용해 로프매듭을 엮어주세요.

11. 같은 사이즈의 태슬을 두 개 만들어 줍니다.

12. 벽에 걸어놓고 태슬을 원하는 길이로 잘라주세요.

13. 이어엮기 각도에 맞춰 하단을 잘라줍니다.

14. 모던 월행잉 완성!

겨울 이야기

작은 대화들과 마크라메 인형 키링

여러분은 새로운 만남과 대화, 좋아하시나요?

저는 요즘 새로운 만남이 있을 때면 마크라메 인형 키트를 챙겨가는데요, 어색함을 풀어주고 대화가 술술 풀려 내향인의 비법으로 사용하고 있어요. (소곤) 커피와 디저트를 앞에 두고 마크라메나 뜨개질, 십자수, 드로잉을 하며 도란도란 수다를 떠는 것! 어쩜 이렇게 편안하고 재미있을까요?

매듭공예 마크라메의 큰 장점 중 하나는 크기가 작은 작품은 앉은자리에서 손과 작은 공구들로 만들 수 있다는 거예요. 넓은 공간, 으리으리한 전문적인 도구가 필요 없죠.

추운 겨울 분위기 좋은 따뜻한 카페에 앉아 사부작 만들기 좋은 마크라메 인형 키링! 만들기 아주 쉽고, 마음에 드는 헤어스타일로 꾸밀 수 있어 어린아이들도 좋아한답니다. :)

준비 : 머리카락) 면로프(120합/4.5mm) - 30cm *3
　　　 몸통 평매듭) 색실 민자로프(4.5mm) - 70cm *1
　　　 몸통) 흰색 민자로프(4.5mm) - 50cm *1
　　　 목도리) 색실 민자로프(4.5mm) - 30cm *1
　　　 나무구슬 (20mm) - 1개 / 자물쇠 키링 - 1개
매듭법 : 레이스매듭, 평매듭, 한매듭

여러분은 MBTI가 어떻게 되시나요?
저는 MBTI의 내향, 외향 중 내향이 99%예요.

그래서 혼자 일하는 생활에 꽤 만족하며 살고 있어요.

하지만 필요한 순간에는 그동안의 사회생활로
갈고 닦은 사회성을 발휘하고 있죠!

조용한 성격과 비지니스 인격을
번갈아가며 잘 지내고 있었는데요,

집에만 있다보니 실제 대화할 일이 점점 적어지면서

자연스러운 스몰토크가 너무 너무 어려워졌답니다..

준비되지 않은 상태에서 개인적인 내 이야기를
하는 건 참 쉽지 않은 것 같아요.

스몰토크를 잘하는 사람을 보면 신기하고 부러워요.

하지만 긴장을 풀고 자연스러운 대화를 끌어낼
비장의 무기를 가지고 있죠!

얼마전 평소 SNS를 통해 교류하던 작가님들과
카페에서 만나 커피 한잔할 기회가 있었는데요,

저의 무기는 사부작 사부작 마크라메를
만들며 대화를 나누는 거예요.

실을 만지며 떠오르는 대로 이야기를 나누다 보면
꽤 깊이 있는 이야기까지 나눌 수 있어요.

자연스럽게 마크라메 매듭법도 알려드리고요!

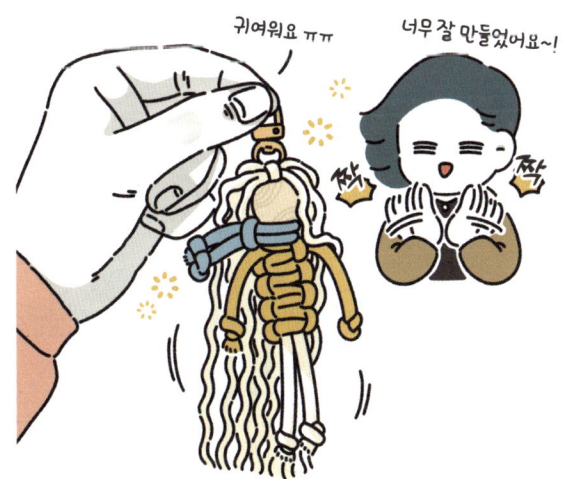

긴장감을 설렘으로 덮어버릴 내향인의 부적이랍니다.

그러고 보니 인스타툰 시작할 때를 생각해 보면

혼자 일하는 생활에서 크게 바뀔 거라 생각지 않았어요.

하지만 인스타툰은 실시간으로 많은 사람들과 소통하고 다양한 피드백을 받을 수 있죠!

행사에서 제 만화를 보고 계신다는 분들도 만나고

온라인 오프라인에서 수업을 하며
마크라메를 알려드리기도 하고요,

소심한 제가 예상치 못한 재미있는 일을 맡게 되고,
저와 일상이 겹치지 않는 다양한 사람들을
만나게 될 줄이야, 참 신기해요.

지금 하고 있는 일이 어떻게 될지는 아무도 모르는 거겠지요.

카페에서 사부작 만들 수 있는
귀여운 마크라메 인형키링! 만들어 보아요.

필요한 준비물은 이렇게!

키링고리에 머리카락이 될 꼬임사와
몸통실을 연결한 뒤 머리구슬을 꿰어주세요.

몸통이 될 평매듭 4개를 엮어주세요.

인형이 춥지 않게 목도리도 둘러주세요.

실 올이 풀리지 않도록 묶은 뒤 짧게 잘라주고,
원하는 머리모양으로 꾸며주세요.

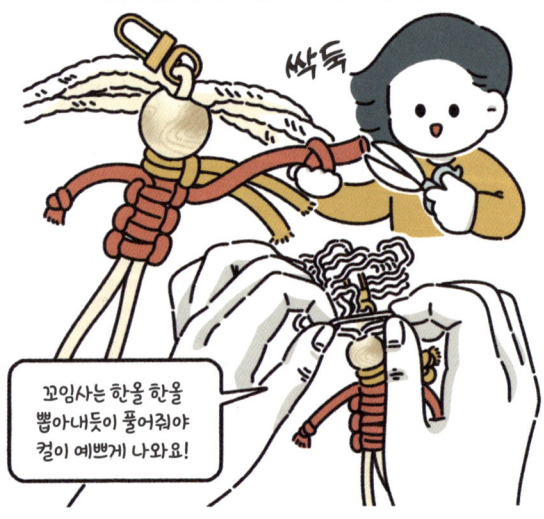

포근포근 마크라메 인형 키링 완성!

How to

동영상 QR

0. 마크라메 인형을 만들어 볼까요!

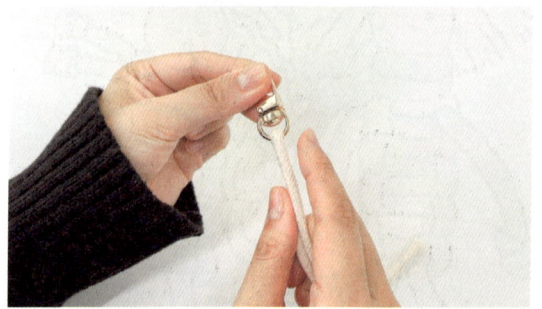

1. 키링 고리에 굵은 흰 실(중심줄)을 걸어주세요.

2. 머리가 될 나무구슬도 꿰어줍니다.

3. 머리카락이 될 120합 면로프도 걸어주세요.

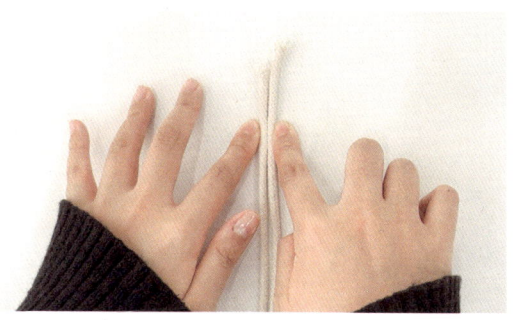

4. 초보자분들은 테이프로 고정해서 만들면 편해요!

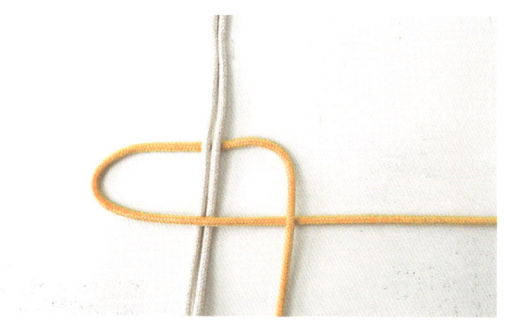

5. 색실을 아래에 깔고 사진과 같이
중심줄 위에서 숫자 4를 만들어 줍니다.

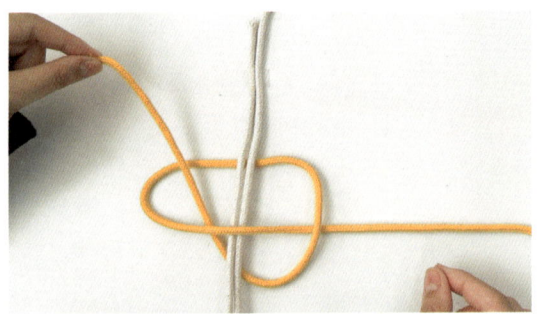

6. 오른쪽 실을 왼쪽실 사이로, 사진과 같이 빼주세요.

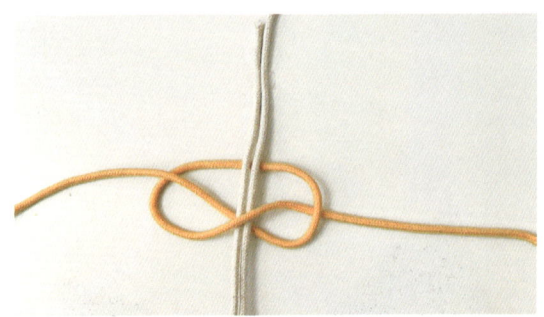

7. 이런 모양이 나오셨나요?

8. 양쪽으로 잘 당겨 매듭을 조여주세요.

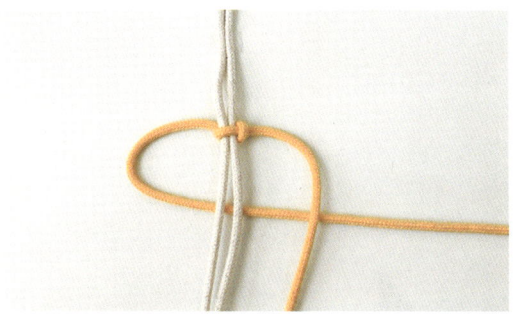

9. 이번에는 중심줄 아래에서 숫자 4를 만들어주세요.

10. 오른쪽 실을 왼쪽 실 사이로 통과시켜주세요.

11. 양옆으로 고르게 조여, 평매듭을 완성합니다.

12. 평매듭을 4개 엮어주고, 위로 올려주세요.

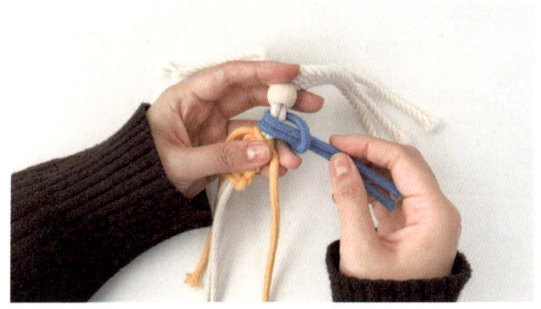

13. 짧은 색실을 이용해 목도리도 둘러줍니다.

14. 팔, 다리, 목도리를 원하는 길이로 한매듭 엮어줍니다.

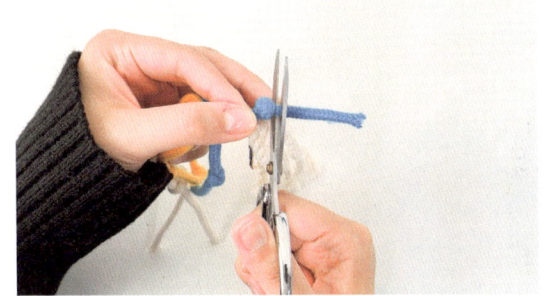

15. 매듭 끝을 가위를 이용해 바짝 잘라줍니다.

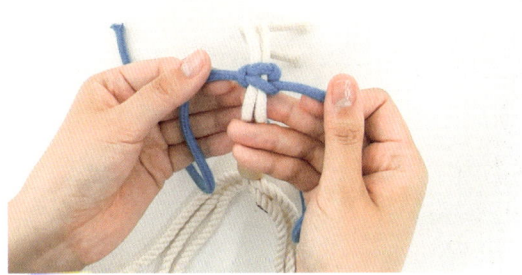

★. 만약 테이프가 없다면 손에 쥐고 매듭을 엮을 수 있어요.

16. 머리카락 실은 한올 한올 당겨 뽑아야 예쁜 컬이 나와요.

17. 머리를 세줄땋기로 예쁘게 땋아도 좋고

18. 짧게 잘라 복슬복슬하게 빗질해도 귀여워요!

19. 귀여운 마크라메 인형 키링 완성!

겨울 영화와 플랜트 행거

여러분 겨울에 어떤 취미생활을 하세요?

겨울에는 스키, 썰매, 설악 등산.. 다양한 스포츠를 즐길 수 있지만 저는 잘 나가지 않고 따뜻한 집 안에서 노는 걸 좋아해요. 자연스럽게 영화와 드라마를 많이 보게 되는데요, 바쁜 하루 일과를 끝내고 한풀 지쳐 침대에 누우면 조용한 힐링 영화를 찾게 돼요. 그중에서 음식이 나오는 영화를 자주 챙겨 봅니다.

화려한 영화를 집중해서 보고 나면 기진맥진해져 쉴 시간이 필요한데, 음식이 나오는 평화로운 슬로무비를 멍하니 보고 있으면 에너지 충전이 된달까요? 추운 겨울에 푸릇푸릇한 영화들을 보다 보니 초록이 그리워져 키우기 쉬운 식물을 들여봤어요.

마크라메 기법으로 플랜트행거를 만들어 식물을 걸어놓으면 이국적인 느낌이 물씬~ 보기 예쁘기도 하고 공간을 크게 차지하지도 않아 청소하기도 편리하죠. 식물을 좋아하신다면 여러 가지 사이즈로 만들어 레이어드해 장식해 보세요. 집안의 분위기가 화사해질 거예요.

준비 : 면로프(60합/3.5mm) - 300cm *8 / 면로프(60합/3.5mm) - 100cm *2
    나무고리(45mm) - 1개 / 나무구슬 (20mm) - 4개
매듭법 : 레이스매듭, 평매듭, 평돌기매듭, 로프매듭

여러분은 추운 겨울, 무얼 하며 지내시나요?

저는 집에서 영화, 드라마를 보는 걸 좋아해요.

뜨끈하게 이불 속 장판 불을 올려놓고
시원한 맥주를 마시면 겨울의 행복이죠!

연말에는 여러모로 일이 많아 바쁜 하루를 보내고

이런 상태일 때 집중이 필요한 영화는
아무래도 보기 힘들더라구요.

그래서 겨울에는 잔잔한 슬로무비를 자주봐요.

너무나 별일이 없어 호불호가 갈리는 영화들이지만
긴장감 없이 편안하게 볼 수 있어 겨울에 딱 좋아요.

영화에서 요리가 등장하면 꼭 이런 장면이 있는데요!

식물엔 큰 관심이 없지만 이런 장면을 볼때마다
너무 부럽고 해보고 싶더라고요.

예전에 화분에 바질 씨앗을 심어봤지만...

볕에 내놓은 여린 식물은 벌레의 파티음식이 되었답니다.

식물 키우기는 생각보다 어려운 일이었어요..

하지만 버석버석 건조한 회색빛
겨울 도시 속에서 지내다 보니..

반짝 반짝 빛을 내는 식물에
눈길이 가더라구요!

반그늘을 좋아하고 해충에도 강한 식물을 사버렸어요!

오랜만에 들인 식물이니 좋은 자리에 앉혀놔야죠!

바닥에 내려놓으면 실먼지가 앉아서
힘들어할 테니 벽에 걸어놔야겠어요.

걸어놓을 장소에 맞춰 만들 수 있게 크기를 재고..

어떻게 만들지 여러가지 도안을 그리며 고민합니다.

도안을 다 그리면 필요한 실의 길이를 계산해요.

실 길이를 계산하는 건 번거롭지만 중요한 일인데요,

마크라메에 실을 계산하는 방법은
(매듭의 수 x 매듭에 필요한 실 길이) + '작품의 총 길이'에
2를 곱해주는데요, 보통 마크라메를 만들 때
실의 중심을 걸어 작업하는 방식이라 그렇습니다.

방법을 익히면
어렵지 않아요!

마크라메를 만들며 실이 부족하면 큰일이지만,
너무 많이 남는 것도 아까우니까요.

아이고야.. 아까워라..
태술이라도 만들어야지..

신기하게도 여러 번 만들다 보면 감이 생겨요.

사용할 부속품들도 고민하여 골라줍니다.

플랜트행거는 매듭의 수가 적은 편이라
선 자리에서 금방 만들 수 있어요.

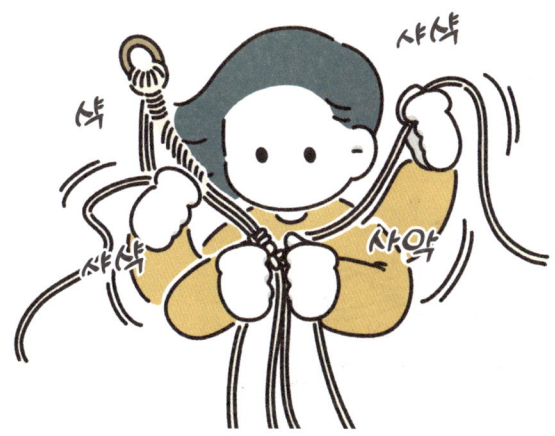

식물을 담아 걸어주면 우리집에 초록 들이기 성공!

식물을 벽에 걸어 놓을 수 있는
마크라메 플랜트 행거를 만들어 보아요!

나무고리에 60합 면로프 300cm 8줄을 걸어주고,
100cm 실을 이용해 로프매듭을 엮어줍니다.

회오리 모양의 평돌기 매듭을 엮어주고

조금 내려가 평매듭, 구슬, 평매듭 순서로 엮어줍니다.

아래에도 동일한 길이의 평돌기매듭을 엮어주고,
나머지 줄도 같은 디자인으로 매듭을 엮어줍니다.

화분이 들어갈 주머니를 평매듭을 엮어 만들어주세요.

싱그러운 포인트가 될 플랜트 행거, 완성이에요!

How to
동영상 QR

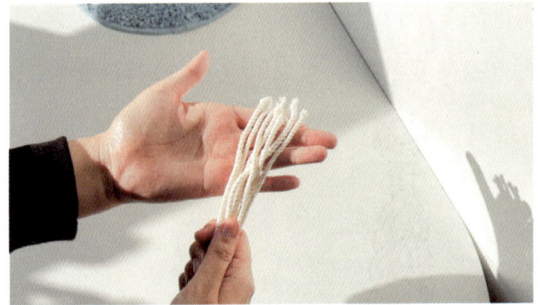

0. 60합 면로프를 300cm 길이로 8줄 준비해 주세요.

1. 나무고리에 레이스매듭법으로 8줄을 걸어줍니다.

2. 60합 면로프 100cm 를 사용해 로프매듭을 엮어주세요.

3. 4줄을 잡아 평돌기 매듭을 25개 엮어주세요.

★. 매듭 개수가 기억이 안 난다면 펼쳐서 세보면 돼요!

4. 7cm 아래에 평매듭을 엮고 나무구슬도 끼워주세요.

5. 나무구슬 안에서 중심줄과 엮는줄을 바꿔 평매듭을 엮어줍니다.

6. 7cm 아래에 평돌기매듭 25개를 엮어주세요.

7. 나머지 실도 4줄씩 나눠 평돌기매듭을 엮어줍니다.

8. 동일한 방법으로 평매듭과 나무구슬, 평돌기매듭을 엮어줍니다.

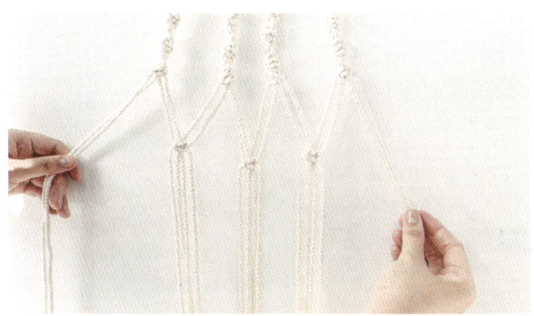

9. 8cm아래 사이평매듭을 엮으며 주머니를 만들어줍니다.

10. 사용할 화분이 있다면 넣어서 크기를 가늠해 보세요.

11. 100cm 실을 이용해 로프매듭을 묶어줍니다.

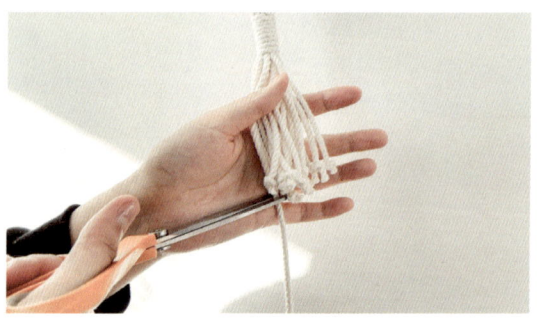

12. 꼬리에 매듭을 짓거나, 실을 풀어 마무리해도 좋아요.

13. 마크라메 플랜트행거 완성!

# 겨울 이야기

계절을 즐기는 마음과 과일렉

여러분은 과일을 사면 어디에 보관하시나요? 오렌지는 꼭 열댓 개씩 묶어서 팔던데, 저는 1인 가구라 큰맘 먹고 한 망을 사면 오래 먹더라고요.

식탁 한쪽에 쌓아두기도 보기 예쁘지 않아 마크라메로 과일렉을 만들어 담아 걸어 뒀어요. 작게 만들어 채소를 담아 놓을 수도 있고 크게 만들어 껍질이 단단한 과일을 넣어도 좋죠. 과일렉을 만들 때 곡선이 있는 유목을 사용하면 빈티지한 멋을 더 살릴 수 있을 거예요.

연말에는 꼭 친구들과 모여 뱅쇼를 끓여 먹는데요. 과일렉에 넣어둔 오렌지, 레몬, 귤을 얇게 썰어 팔각, 정향, 시나몬스틱을 넣고 과일이 뭉그러질 때까지 보글보글 끓여내 마셔요. 계절이 바뀌는 게 너무나 아쉽지만 부지런히 가족들과 친구들을 만나 맛있는 걸 먹고, 즐거운 이야기를 나누며 나중에 꺼내볼 수 있는 순간들을 만들어야겠어요.

여러분들의 올해 가장 기억이 남는 계절과 장소는 언제였는지, 어떤 음식이 가장 맛있었는지 궁금해요.

> 준비 : 면로프(120합/4.5mm) - 260cm *8 / 면로프(120합/4.5mm) - 200cm *4
> 면로프(120합/4.5mm) - 100cm *2 / 유목(30cm) - 1개
> 매듭법 : 레이스매듭, 평매듭, 로프매듭

처음으로 월급을 받았을 때?

처음으로 투표해 봤을 때?

세련되고 멋진 바에서 혼자 시간을 보낼 때?

제철 농수산물을 직접 구매할 때
"아, 내가 어른이구나~!" 싶어요!

처음에는 눈으로 보지 않고 인터넷으로
농수산품을 산다는 걸 신뢰하지 못했는데요,

여러 시도를 해보며 산지직송의 맛을 알아버렸답니다.

어렷을 때는 부모님과 계절마다 함께 여기저기 다녔지만

눈 오는 풍경을 보고 제철 음식을 먹는
재미와 매력은 못 느꼈던 것 같아요.

제철이 왔다며 기뻐하는 마음도 몰랐죠.

그런데 어른이 되어 바쁘게 일상을 반복하다보니

따로 챙기지 않으면 계절은 순식간에 지나가 버리고

뒤돌아보면 함께 특별한 음식을 나눠먹은
추억이 가장 오래 기억에 남더라구요.

그래서 연말에는 바빠도 시간을 내
소중한 사람들과 모여 맛있는 걸 먹어요!

연말 파티에 빠질 수 없는 뱅쇼도 만들 거예요!

오렌지, 귤, 레몬, 사과를 깨끗하게 씻은 뒤
얇게 잘라 깊은 냄비에 넣어주고,

맛과 향을 더해줄 시나몬스틱, 정향, 팔각도 넣어줍니다.

와인과 취향에 따라 포도쥬스도 넣어주세요.

음식을 먹으며 창문의 하얀 김이 서리고
집안에 뱅쇼향이 가득 찰 때까지 끓여주세요.

붉은 와인색이 과일에 물들고 알싸한 향신료 향이
잘 우러나면 과일과 함께 담아냅니다.

시나몬스틱을 하나씩 컵에 꼭 꽂아서요!

과일을 담아 보관할 수 있는
마크라메 과일렉! 만들어보아요.

준비물은 120합 면로프와 30cm 목봉이에요.

과일이 빠져나가지 않도록
두꺼운 실을 사용해요.

260cm 8줄

꿀팁! 레이스매듭을 걸 때 이렇게 걸어보세요!

양옆에 줄을 추가해 주머니를 만들어 줄 거예요.

과일이 빠져나가지 않게 아래는 3cm 간격으로 엮어줬어요.

로프매듭을 단단히 매어 마무리해 주세요!

따뜻한 빈티지 멋을 내줄 수 있는
마크라메 과일렉, 한번 만들어 보세요!

How to

동영상 QR

0. 120합 면로프를 260cm 길이로 8줄 준비해 주세요.

1. 30cm 목봉에 레이스매듭으로 걸어주되. 2줄씩 짝지어 정렬해 주세요.

2. 평매듭을 4개 엮어줍니다.

3. 6cm 간격으로 사이평매듭 3개를 엮어줍니다.

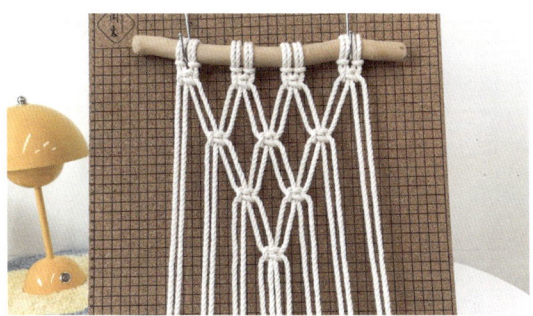

4. 같은 간격으로 사이평매듭을 3개 더 엮어주세요.

5. 120합 면로프를 2m 길이로 4줄 준비해 주세요.

6. 양 끝의 줄을 모아 가운데 평매듭(A)을 엮어주고,

7. 새로 자른 실을 평매듭 높이에 맞춰 걸어주세요.

8. 새로 걸은 실과 함께 평매듭을 엮어줍니다.

9. 사진과 같이 사이평매듭을 엮어주세요.

10. 뒤집어 가며 평매듭을 엮어 주머니를 만들어줍니다.

11. A를 기준으로 총 8단을 엮어줬어요.
만약 주머니를 크게 만들고 싶다면 단을 추가해 주세요.

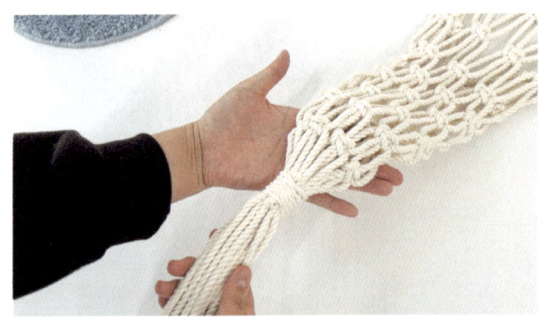

12. 100cm 실을 이용해 로프매듭을 묶어주고, 원하는 길이로 잘라주세요.

13. 100cm 실을 이용해 걸이실을 걸어주세요.

14. 과일을 보관할 수 있는 과일렉! 완성이에요.

· 내 손으로 만드는 12가지 매듭공예 ·

마크라메와 포실한 일상들